Mark Daniels

Mythologien der Welt

Mark Daniels

Mythologien der Welt

Alle großen Kulturen im Überblick

Aus dem Englischen
von Felix Mayer

Anaconda

Titel der englischen Originalausgabe:
The Midas Touch. World Mythology in Bite-Sized Chunks
First published in Great Britain in 2013 by Michael O'Mara Books Limited, London.

Die Deutsche Nationalbibliothek verzeichnet diese Publikation in der Deutschen Nationalbibliografie; detaillierte bibliografische Daten sind im Internet unter http://dnb.d-nb.de abrufbar.

FSC www.fsc.org
MIX
Papier | Fördert gute Waldnutzung
FSC® C014496

Penguin Random House Verlagsgruppe FSC® N001967

Lizenzausgabe mit freundlicher Genehmigung

Neumarkter Straße 28, 81673 München

Umschlaggestaltung: dyadesign, Düsseldorf, www.dya.de
unter Verwendung der Umschlagillustration der Originalausgabe
Satz und Layout: Roland Poferl Print-Design, Köln
Druck und Bindung: GGP Media GmbH, Pößneck
Printed in Germany
ISBN 978-3-7306-1195-1

www.anacondaverlag.de

INHALT

EINLEITUNG

Seit Anbeginn ihrer Existenz haben sich die Menschen mit den grundlegenden Fragen des Daseins beschäftigt: mit dem Leben, dem Tod, den Naturerscheinungen sowie dem menschlichen Miteinander. Erstaunlicherweise haben die Antworten auf diese Fragen in allen Regionen der Welt über eine ungewöhnlich lange Zeit hinweg dieselbe Form angenommen: die Form von Mythen.

Von den Hochkulturen, die ganze Weltreiche geprägt haben, bis zu lokalen Stammesverbänden haben die Menschen seit jeher ihr eigenes Universum an Gottheiten, Fabelwesen und Mythen erschaffen. Die Mythen erzählen vom Ursprung der Menschheit, von Siegen und Niederlagen und vermitteln in anschaulicher Weise die Essenz des menschlichen Erfahrungsschatzes.

Die meisten Religionen und Mythologien behandeln die grundlegenden Fragen, die uns Menschen beschäftigen, seit unsere Gesellschaften die Form von Zivilisationen angenommen haben: die Endlichkeit des Lebens, Geburt, Astrologie oder die Natur als Einheit.

Aus der Beobachtung der Natur haben wir zahlreiche Erzählungen geschaffen, die das Unerklärliche erklären sollen, und wir haben die Sonne, den Mond, Flüsse, Meere und Berge zu Gottheiten gemacht. Wenn wir das Unbegreifliche verstehen wollen, neigen wir Menschen dazu, uns Mächte vorzustellen, die weit jenseits unseres Fassungsvermögens liegen.

Viele Religionen versuchen, die Gottheiten und mythischen Helden, die wir selbst erschaffen haben, durch Opfer, Musik, Tanz, Gebet und rituelle Handlungen gnädig zu stimmen. Dadurch wiegen wir uns in dem Glauben, bedeutende, gleichwohl unvorhersehbare Geschehnisse zu begreifen und zu beeinflussen, wie etwa Krankheit und Tod, die Ernte auf den Feldern oder den Wellengang der Ozeane. Solche Rituale tragen in jeder Gesellschaft zur Bildung von Traditionen bei, die für die Gemeinschaft identitätsstiftend wirken und jedem einzelnen das Gefühl geben, ein Teil davon zu sein.

Kognitionswissenschaftler haben die Erfahrung des Göttlichen, die sich einstellt, wenn wir in einer Gruppe ein Gebet sprechen, mit dem Aufbrausen von Emotionen bei einem großen Sportereignis verglichen. Das Gefühl von Gemeinschaft und sozialem Zusammenhalt, das wir bei Zeremonien in großen Gruppen erleben, das gemeinsame Sprechen eines Gebets oder der Gesang im Fußballstadion, der uns zusammenschweißt – all das verleiht uns Kraft, und Mythen geben uns die Möglichkeit, solche gemeinschaftlichen Rituale zu entwickeln.

Und was bliebe uns ohne die mythischen Erzählungen, die Legenden und die Religion, auf die wir unsere Rituale gründen? Im Leben eines Atheisten finden sich zwar Hochzeiten, Begräbnisse und Taufzeremonien, doch fehlt ihnen jeder feierliche Charakter, wie ihn die Gerüche, die Klänge und der Zauber althergebrachter religiöser Zeremonien erschaffen, die in der Tradition verwurzelt sind, reich an Lebensweisheiten in Form von Gleichnissen und an Geschichten, die so umfassend und so alt sind wie das Universum selbst.

Darüber hinaus helfen die fantasievollen Erzählungen der Mythen und Legenden, den Inhalt in eine ansprechende Form zu bringen. Wenn eine Mutter ihrem Kind sagt, es solle nett zu anderen Kindern sein, weil sich das so gehöre, wird das Kind sein Verhalten vermutlich kaum ändern. Doch in eine althergebrachte Geschichte gekleidet, wird dieselbe Botschaft sehr viel greifbarer, und ein Kind (aber auch ein Erwachsener) kann sie weitaus besser nachempfinden: Wenn du zu anderen Kindern nicht nett bist, dann wird der griechische Gott Zeus, ein großer Mann mit langem Bart, der auf einem Berg lebt und Blitze schleudert, sehr böse. Noch ein paar Dutzend Beispiele von den schrecklichen Dingen, die Zeus anderen Kindern angetan hat, und selbst der Erwachsene, der die Geschichte erzählt, hat vergessen, dass das alles nur sinnbildlich gemeint war.

Mythologien der Welt erkundet den atemberaubenden Schatz an Geschichten, die Menschen sich ausgedacht haben, um die Welt zu erklären. In loser chronologischer Abfolge wirft es einen Blick auf die berühmtesten und faszinierendsten Erzählungen, die die bedeutendsten Kulturen der Welt geprägt haben. Und nach der Lektüre werden Sie von sich selbst sagen können, dass auch Sie so etwas wie eine Heldentat vollbracht haben.

ERSTES KAPITEL

DIE MYTHOLOGIEN AUSTRALIENS UND DER MAORI

DIE MYTHEN DER AUSTRALISCHEN ABORIGINES

Australien wurde erst vor 225 Jahren britische Kolonie, doch die Ureinwohner leben dort schon seit etwa 70 000 Jahren, und die Mythen, die ihre Kultur hervorgebracht hat, sind rund 10 000 Jahre alt. Zahlreiche Geschichten nehmen Bezug auf die jeweiligen geologischen Gegebenheiten, die in der Nähe der Siedlungsgebiete der einzelnen Stämme lagen. Sie wurden damals zwar nicht schriftlich festgehalten, doch lassen bestimmte lokale Besonderheiten, die in manchen der Geschichten erwähnt werden, Rückschlüsse auf die Entstehungszeit zu. Es grenzt an ein Wunder, dass diese Geschichten von Generation zu Generation weitergegeben wurden, und noch heute werden sie ausschließlich in der mündlichen Überlieferung bewahrt.

Über die gewaltige Landmasse Australiens verteilt, lebten sage und schreibe rund 400 verschiedene Stämme von Ureinwohnern, die alle eine eigene Sprache und eigene Glaubensvorstellungen hatten. Wenn wir bloß eine dieser Mythologien näher betrachten würden, bekämen wir nur einen sehr beschränkten Einblick; daher wollen wir aus denjenigen Geschichten, die über den ganzen Kontinent verbreitet waren, einige der faszinierendsten herausgreifen.

Traumzeit

Die Mythologie der australischen Ureinwohner besitzt drei Hauptelemente: das Menschliche, die Erde und das Heilige. Während der Erschaffung der Welt, noch bevor menschliches Leben entstand, herrschte die sogenannte Traumzeit. Seit der Erschaffung der Welt, so der Glaube der Aborigines, leben die Menschen gleichzeitig in der materiellen Welt und in der Traumzeit; sowohl im Leben als auch im Tod befindet sich ein Teil unserer Persönlichkeit in der ewigen Traumzeit. Um das Geschehen in der sie umgebenden Natur besser zu verstehen und beeinflussen zu können, rufen die Stämme mit Gesängen und Bitten die Traumzeit-Inkarnation desjenigen Menschen, Tieres oder Dinges an, mit dem sie besser zurechtkommen möchten. So wenden sie sich etwa an das Traumzeit-Krokodil, wenn sie im Umgang mit den Krokodilen in der wirklichen Welt Hilfe brauchen.

Die Legenden der Traumzeit erklären die Ursprünge der Welt, sind aber auch moralische Lehrstücke. Ihre Lehren finden Eingang in das Leben derjenigen, die die Geschichten weitertragen, und bleiben dadurch ein bedeutender Teil der Kultur der Aborigines. Es ist nicht verwunderlich, dass in solch einem riesigen Land die Mythen rund um die Traumzeit von Stamm zu Stamm variieren; dabei wird für jeden Stamm die eigene Sammlung mythischer Erzählungen wesentlicher Bestandteil seiner Identität.

»Walkabout«

Die Ureinwohner Australiens sind seit jeher unzertrennbar mit ihrem Land verbunden. Einer der wichtigsten Bestandteile ihrer Kultur ist der »Walkabout«, eine Wanderung, bei der heranwachsende Jungen den Pfaden ihrer Ahnen folgen. Dabei unterbrechen sie ihren Marsch an festgelegten Stellen und führen verschiedene traditionelle Zeremonien durch.

Die Lieder und Zeremonien dieser einsamen Wanderungen führten zum Begriff der »Songlines« (deutsch auch: Traumpfade), der die Wege bezeichnet, denen die

Jungen folgen. Diese Wege bilden ein dichtes Netz, das sich kreuz und quer durch ganz Australien zieht und Orte miteinander verbindet, die für etliche Stämme von großer Bedeutung sind, wie etwa Wasserstellen, Höhlen, Orientierungspunkte oder Stellen, an denen Nahrung zu finden ist. Ein junger Aborigine verbringt mehrere Monate auf seiner Wanderung und sucht dabei die Verbindung zu seinem Land sowie zu seinen Vorfahren, indem er die althergebrachten Rituale vollzieht, die auch diese schon vollzogen haben. Dabei lernt er, von dem zu leben, was die Erde ihm gibt, und durch die Einsamkeit zu Ruhe und innerem Frieden zu finden.

Gelingt das Unterfangen, ist er bei seiner Rückkehr zum Mann gereift.

Die Regenbogenschlange

In der beeindruckenden Vielfalt an Mythen, die Australien zu bieten hat, ist eine Figur immer wieder zu finden: die Regenbogenschlange. Zahlreiche Geschichten ranken sich um sie und auch ihre Namen variieren, doch stets ist sie dem Wasser und damit dem Leben zugeordnet. Etliche Erzählungen enden damit, dass sie Menschen verschlingt, aber oftmals schenkt sie den australischen Völkern auch neue Bräuche und Sitten. Die Regenbogenschlange stellt in vielen Schöpfungsmythen die zentrale Figur dar, aber auch Gesetze, Bräuche und der in ganz Australien verbreitete Totemkult werden auf sie zurückgeführt.

Während der Traumzeit, zu Anbeginn aller Zeiten, wanderte die Schlange kreuz und quer über den ganzen Kontinent und schuf so Täler, Flussläufe und Bäche. Dann rief sie die Frösche in die Welt, die daraufhin aus der Erde krochen, die Bäuche prall gefüllt mit Wasser. Die Regenbogenschlange kitzelte sie, worauf sich das Wasser über die Welt ergoss und die Flüsse und Seen füllte. Aus diesen entstand alles Leben – Pflanzen wie Tiere. Die Regenbogenschlange setzte ihren Weg über das Land fort, gefolgt von Kängurus, Emus, Schlangen, Vögeln und anderen Tieren. Jedes Tier trug zur Erhaltung des natürlichen Gleichgewichts bei, indem es nur jagte, was es selbst brauchte.

Die Schlange erließ Gesetze und erklärte, dass die Tiere, die sie missachteten, in ihrer tierischen Gestalt würden verbleiben müssen, dass aber diejenigen, die sie befolgten, zu menschlicher Gestalt aufsteigen würden. Jeder menschliche Stamm bekam dasjenige Tier als Totem zugesprochen, von dem er abstammte. Das Totem diente als identitätsstiftendes Symbol und zur Erinnerung an die eigenen Ursprünge. Ein Stamm durfte mit Ausnahme seines Ahnentieres alles verzehren, sodass letztlich genug Nahrung für alle vorhanden wäre – ein sinnvoller Grundsatz in einem Land, in dem sämtliche Ressourcen knapp sind.

Die Sonne

In den Anfängen der Traumzeit, noch vor Erschaffung der Sonne, lebte ein Mädchen, das hoffnungslos verliebt war und von seinem Auserwählten ferngehalten wurde. In ihrer Verbitterung lief die junge Frau davon, immer tiefer in die Wildnis, wo das Überleben, ohne Schutz und Nahrung, zunehmend schwieriger wurde. Ihr Stamm war ihr auf den Fersen, und so musste das liebeskranke Mädchen weiter in immer unwirtlichere Gegenden vordringen.

Als die Geister ihrer Vorfahren sie entdeckten, schlafend und dem Tode nahe, beschlossen sie einzugreifen. Sie hoben sie in den Himmel, und als sie aufwachte, fand sie reichlich zu essen vor sowie ein Feuer, das sie wärmte. Sie sah, dass ihr Volk im Dunkeln lebte und fror, und dass die entfachten Feuer immer wieder verloschen. Obwohl sie ihre Familie vermisste und sich danach sehnte, zu ihr zurückzukehren, wusste sie, dass ihr Platz von nun an im Himmel war und sie ihrer Familie von dort aus helfen musste.

Sie ließ ihr Feuer so stark auflodern, wie sie nur konnte, und ließ es den ganzen Tag brennen, um ihr Volk zu wärmen. Sie hatte die Sonne geschaffen, und darüber war sie so glücklich, dass sie beschloss, sie jeden Tag aufs Neue zu entfachen, damit ihre Familie ihrem Tagwerk nachgehen konnte.

Der Mond

Eines schicksalsträchtigen Tages verließ Japara, einer der geschicktesten Jäger der Traumzeit, seine Frau und seinen kleinen Sohn und ging, wie jeden Tag, auf Beutezug. Während er fort war, kam Parukapoli, ein wandernder Geschichtenerzähler, in sein Haus. Er leistete Japaras Frau Gesellschaft und unterhielt sie mit herrlichen Geschichten, und schon bald war die Frau ganz ins Zuhören vertieft. Erst ein plötzliches Geräusch riss sie aus ihrer Versunkenheit: das Platschen von Wasser, als ihr Sohn in den Fluss fiel. Sie rannte los, um ihn zu retten, kam jedoch zu spät – der Junge war bereits ertrunken.

Den ganzen restlichen Tag hielt sie schluchzend den leblosen Körper in den Armen und wartete darauf, dass Japara zurückkehrte. Als sie ihm berichtete, was geschehen war, wurde er wütend und gab ihr die Schuld am Tod des Jungen. Er griff zu seinen Waffen und brachte erst seine Frau um und stürzte sich sodann auf Parukapoli. Die beiden Männer kämpften und verwundeten einander, bis Japara den Geschichtenerzähler erstach und als Sieger aus dem Zweikampf hervorging.

Als sein Stamm ihn für sein Handeln rügte, erkannte Japara sein Fehlverhalten. Daraufhin suchte er die Leichname seiner Frau und seines Sohnes, fand sie jedoch nirgends. Er brach in Wehklagen aus und beschwor die Geister, die ihm Frau und Kind geraubt hatten, ihn wieder mit seiner Familie zu vereinen. Die Geister erhörten Japara und gewährten ihm Einlass in die Himmelswelten, damit er dort nach seiner Familie suchen konnte; zur Strafe wurde ihm jedoch auferlegt, das weite Himmelszelt auf seiner Suche allein zu durchwandern.

Angeblich sind auf der Oberfläche des Mondes noch die Wunden zu sehen, die Parukapoli Japara im Kampf zugefügt hat, und der Mond selbst ist ein Abglanz des Lagerfeuers, das Japara entfacht hat und das ihm bei seiner verzweifelten Suche nach seiner Familie helfen soll. Die sich verändernde Bahn des Mondes und seine laufend wechselnde Form zeugen von der endlosen Suche des bedauernswerten Japara.

DIE MYTHEN DER MAORI

Die ersten der aus Polynesien stammenden Maori besiedelten Neuseeland (auf Maori: *Aotearoa*) im 13. Jahrhundert. Die Kultur der Maori in Neuseeland hat keine Berührungspunkte mit derjenigen der Aborigines in Australien; wir fassen die beiden hier nur wegen der geografischen Nähe zu einem Kapitel zusammen.

Die Überlieferung der Maori kennt eine bunte, polytheistische Götterwelt, deren Mythen stets aufs Engste mit der Natur verwoben sind. Die ersten Maori stammten von Siedlern aus Polynesien, Mikronesien und Melanesien ab, die kreuz und quer über den Pazifik gesegelt waren und so abgelegene Inselgruppen wie Hawaii oder Fidschi erreicht hatten. Weil ihre Vorfahren in früheren Zeiten immer in Bewegung waren, begegnen die Maori dem Meer mit Respekt und Ehrfurcht, und vielleicht kehren deshalb auch die Motive des Reisens sowie von Trennung und Verlust regelmäßig in ihren Mythen wieder.

Ranginui und Papatuanuku (Vater Himmel und Mutter Erde)

In der Mythologie der Maori gelten Ranginui (kurz: Rangi), Vater Himmel, und Papatuanuku (kurz: Papa), Mutter Erde, als die Ahnherren alles Weltlichen. Am Anfang war das Nichts (dieses Motiv findet sich in fast allen Schöpfungsmythen), und Rangi und Papa lagen Millionen Jahre in tiefster Finsternis in inniger Umarmung beieinander. Die Frucht ihrer Umarmung war eine Nachkommenschaft aus lauter männlichen Kindern, die in dem beengten Raum zwischen ihren Eltern leben mussten, umgeben von nichts als Dunkelheit.

Als die jungen Männer heranwuchsen, wurden sie wegen ihrer misslichen Lage immer wütender und verfielen in einen Streit darüber, wie sie ihre Eltern voneinander trennen sollten. Tumatauenga, der Gott des Krieges und der streitsüchtigste unter den Brüdern, wollte beide Eltern geradewegs umbringen, doch glücklicherweise setzte sich Tanemahuta, der Gott der Wälder, mit seinem Vorschlag durch: Die Brüder würden ihre Eltern auseinanderstemmen.

Jedes Kind unternahm einen Versuch, Rangi und Papa zu trennen, aber keinem wollte es gelingen. Wieder führte Tanemahuta die Entscheidung herbei: Mit seiner gewaltigen Kraft zog er Erde und Himmel auseinander und brachte so das Licht und die erste Dämmerung in die Welt. Rangi stürzte durch diese Trennung in größte Verzweiflung und vergoss Tränen des Schmerzes, aus denen sich die Flüsse und die Seen bildeten. Nach der Trennung der Eltern fand jeder der Brüder seinen Platz: Tawhirimatea – der Gott der Winde, der alles belassen wollte, wie es war – tröstete sich mit einem Platz im Himmel und warf später mit der Wucht seiner Stürme alle Bäume seines Bruders Tanemahuta zu Boden, und Tangaroa, der Gott des Meeres, floh vor Tawhirimateas Zorn und fand Schutz in den Tiefen des Ozeans.

Noch heute ist der Gram der getrennten Eheleute zu spüren: Rangi vergießt weiterhin Tränen der Trauer, die als Regen zur Erde fallen, und Papa schickt Beben durch die Erde, in dem vergeblichen Versuch, das Land aufzubrechen und dadurch die Entfernung aufzuheben, die sie von Rangi trennt – doch werden die beiden bis in alle Ewigkeit entzweit sein.

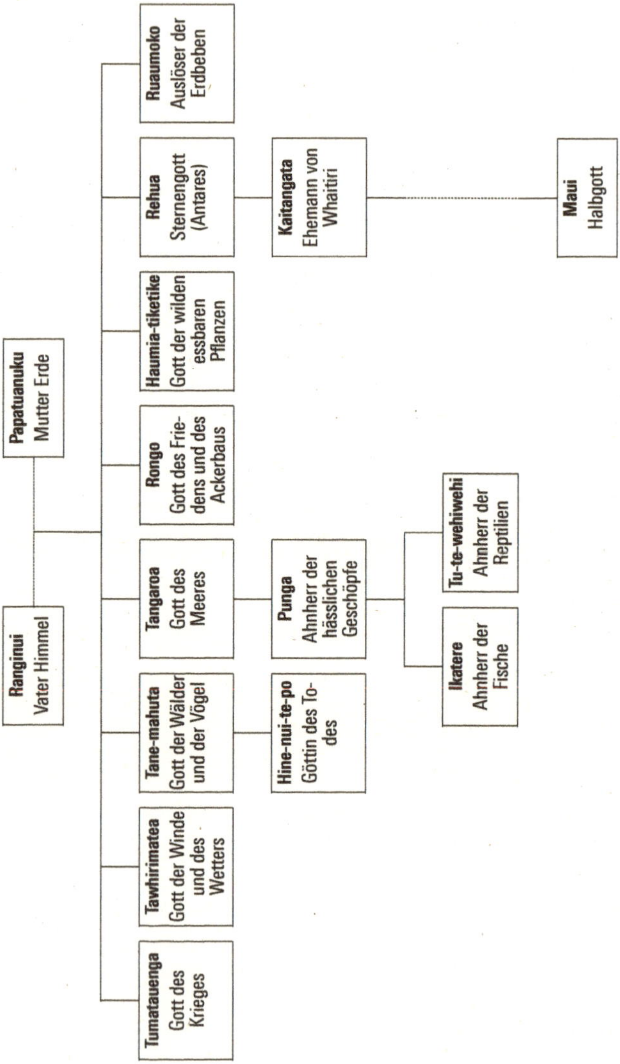

Der Stammbaum der Maori-Gottheiten

Tangaroa (Gott des Meeres)

Tangaroas Rückzug in die Tiefen des Meeres löste große Verwirrung aus, vor allem innerhalb seiner Familie. Sein Sohn Punga, Ahnherr der Haie, der Eidechsen und der Stachelrochen, folgte ihm hinab in den Ozean. Punga hatte zwei Söhne, von denen nur Ikatere, der Ahnherr der Fische, ihm in den Ozean folgte. Tu-tewehiwehi, Pungas anderer Sohn und Ahnherr der Reptilien, blieb an Land zurück und flüchtete in die Wälder. So kommt es, dass der Ozean noch immer im Zwist mit Tanemahuta liegt und die Küsten des Landes abträgt, um sich mit seinen rechtmäßigen Nachkommen zu vereinen.

Holzschnitzereien

Die Kunst des Holzschnitzens spielt in der Tradition der Maori eine besonders große Rolle, denn sie hält die Erinnerung an das Volk und seine Kultur wach. Daher überrascht es nicht, dass die Geschichte dieser Kunst, wie die Mythologie der Maori sie überliefert, eine fesselnde Erzählung ist.

Te Manu, der Sohn eines Stammeshäuptlings namens Rua-te-pupuke, wurde eines Tages, als er über das Meer segelte, von Tangaroa gefangen genommen. Verzweifelt machte sich Rua auf die Suche nach seinem Sohn und gelangte schon bald zu Tangaroas Haus. Dieses war mit kunstvollen Holzschnitzereien verkleidet, inmitten derer Te Manu wie ein Wandbehang vom Dach herabhing. In einem Wutanfall wollte Rua Tangaroa kurzerhand umbringen, aber Hinematikotai, der greise Verwalter, riet ihm, sich in das Haus zu schleichen und sämtliche Ritzen und Spalten in den Wänden zu verschließen, damit kein Licht mehr von außen hineindringen könne. Als Rua das Haus betreten hatte, sah er, dass es auch im Inneren mit Holzschnitzereien übersät war, die – anders als die hölzernen Figuren an den Außenwänden – offenbar miteinander sprachen. Rua wandte sich an sie, und sie erklärten sich bereit, seinen Plan auszuführen.

Mit Tinte geschrieben

Die charakteristischen detailreichen Muster der Holzschnitzereien der Maori finden sich heute auf der ganzen Welt – in sogenannten Tribal Tattoos.

Am nächsten Morgen war im Hause Tangaroas kein Laut zu hören. Tangaroa, sein Sohn, sein Enkel sowie sämtliche Fische versuchten vergeblich zu erwachen, wurden aber jedes Mal von der sie umgebenden Dunkelheit zurück in den Schlaf gezwungen. Jetzt war der Zeitpunkt für Ruas Rache gekommen. Von außen steckte er Tangaroas still daliegendes Haus in Brand. Schon bald flohen die ersten Fische aus dem brennenden Gebäude, unter ihnen Kanae (Meerbarben) und Maroro (Fliegende Fische), doch viele weitere kamen im Inneren des Hauses ums Leben. Auch Rua gelang die Flucht vor dem Feuer. Dabei nahm er einige der Schnitzereien der Außenwände mit und brachte so die stumme Version dieser Kunst in die Welt der Menschen.

Die filigranen, in das Holz eingearbeiteten Muster sind angeblich der Zeichnung von Fischschuppen nachempfunden, was erklären würde, weshalb sie mit Tangaroa in Verbindung gebracht werden. Zum Gedenken an die Ermordung von Ruas Sohn tragen maorische Gebäude auf dem Dach traditionell die Figur eines Jünglings in Form eines Wasserspeiers (Tekoteko), der das Haus gegen Eindringlinge schützen soll.

Tumatauenga (Gott des Krieges)

Tumatauenga war der streitsüchtigste unter Rangis und Papas Söhnen. Er hatte die beiden töten wollen, um sie voneinander zu trennen und so das Licht in die Welt zu lassen. Obwohl sich sein Bruder Tanemahuta mit seinem vernünftigeren Vorschlag durchgesetzt hatte, hörte Tumatauenga nicht auf, kriegerische Reden zu schwingen.

In offener Auseinandersetzung mit seinen Brüdern stellte er Fallen auf, um Vögel zu fangen (die Kinder seines Bruders Tanemahuta), legte Netze aus, um Fische zu fangen (die Kinder seines Bruders Tangaroa), und zimmerte Werkzeuge, mit denen er den Boden bewirtschaften und so die Früchte seines Bruders Rongo (Gott des Ackerbaus) ernten konnte. Aus diesem Grund können Maori bedenkenlos Landtiere, Fische und Pflanzen essen, obwohl es sich bei all diesen um Nachkommen der Götter handelt. Der einzige seiner Brüder, den Tumatauenga nicht bezwingen konnte, war Tawhirimatea, der Gott der Winde, der bis auf den heutigen Tag schlechtes Wetter über die Welt schickt, wenn er übellaunig ist.

Tumatauenga ist ein bedeutender Gott, weil er es den Menschen ermöglicht hat, den ganzen Reichtum des Landes und des Meeres zu nutzen.

Maui-tikitiki (Halbgott)

Etliche Generationen nach Rangi, Papa und ihrer illustren Kinderschar findet sich im Stammbaum der Götter ein Halbgott namens Maui, von dem zahlreiche Heldentaten überliefert sind. Als Junge sah Maui sehnsüchtig seinen älteren Brüdern zu, wenn diese in ihrem Kanu auf Fischfang auszogen und mit reicher Beute zurückkehrten. Tag für Tag bat er sie, ihn mitzunehmen, doch sie wiesen ihn ab und verspotteten ihn, weil er noch jung und von schmächtiger Statur war. Doch Maui ließ sich nicht beirren und bat, unbeobachtet von seinen Brüdern, die Götter mittels einer traditionellen Beschwörungsformel (Karakia) um besondere Kraft für seine Angelschnur.

Am nächsten Tag versteckte er sich im Kanu seiner Brüder. Diese fuhren wie jeden Tags aufs Meer hinaus, und als sie auf offener See waren, kam Maui aus seinem Versteck hervor – sehr zum Verdruss seiner Brüder – und verkündete, mit seiner Hilfe würden sie mehr Fische fangen als je zuvor. Während die Brüder ihre Schnüre auswarfen, sang Maui sein Karakia, und im Handumdrehen füllte sich das kleine Kanu mit Fischen. Dann war Maui an der Reihe. Um Fische anzulocken, bestrich er den Angelhaken, den er aus dem magischen Kieferknochen seiner Großmutter gefertigt hatte, mit seinem Blut und sang wieder die Beschwörungsformel. Dann warf er die Schnur aus, die tief in Tangaroas Reich hinabsank. Als sie sich plötzlich spannte, wussten alle, dass Maui einen bedeutenden Fang gemacht hatte. Unter der Kraft des riesigen Fisches wurde das Kanu hin- und hergerissen und schoss über das Wasser, sodass Mauis Brüder ihn anflehten, die Schnur zu kappen. Doch Maui hielt dagegen und zog schließlich einen wirklich *sehr* großen Fisch aus den Fluten.

Während seine Brüder den Fisch bewachen sollten, machte Maui sich auf den Weg zu seinem Volk nach Hawaiki (das mythische Herkunftsland der Maori, dessen Name dieselben sprachlichen Wurzeln wie der Name Hawaii hat), um sich Hilfe beim Transport des Fisches nach Hause zu erbitten. Doch als er wieder zurück zum Kanu gelangte, hieben die raffgierigen Brüder auf das Tier ein und jeder wollte sich seinen Teil sichern. Zum Glück jedoch war der Fisch so groß, dass alle Menschen und Tiere von Hawaiki darauf Platz fanden. Der riesige Fisch wurde zur Nordinsel von Aotearoa (Neuseeland), und die Berge und Täler zeugen noch heute von den Hieben der habgierigen Brüder.

Auch Mauis Kanu wurde besiedelt; heute ist es die Südinsel des Landes. Die Maori-Bezeichnungen für die beiden Inseln Neuseelands lauten noch heute Te Ika-a-Maui (»Mauis Fisch«) für die Nordinsel und Te Waka-a-Maui (»Mauis Kanu«) für die Südinsel.

Hine-nui-te-po (Göttin des Todes)

Hine-nui-te-po war die Tochter von Tanemahuta (dem Gott der Wälder), doch dieser nahm sie auch zur Ehefrau. Als sie herausfand, dass er ihr Vater war, floh sie vor ihrer Schande in die Unterwelt und wurde deren Herrscherin.

Obwohl Maui zahlreiche Heldentaten vollbracht hatte – so hatte er etwa den Lauf der Sonne verlangsamt, damit sie ihr Licht den ganzen Tag lang spendete –, war er sterblich, da sein Vater bei einer Gebetszeremonie einen Fehler gemacht hatte. Doch Maui ließ sich davon nicht einschüchtern und beschloss, Hine-nui-te-po in der Unterwelt aufzusuchen und sie mit einer List dazu zu bringen, ihm die Unsterblichkeit zu verleihen.

Vor seiner Reise in die Unterwelt sammelte Maui einen Schwarm verschiedener Vögel um sich, die ihn begleiten sollten. Dann machte er sich auf den Weg zu der Göttin, die am westlichen Horizont als rötlicher Schimmer zu erkennen war. Hine-nui-te-po bot eine beeindruckende Erscheinung: Ihr Haar sah aus wie Seegras, ihr Mund glich einem Barrakuda und ihre Augen waren hellrote Steine. Als Maui und seine Gefährten sie erreichten, lag sie in Schlaf versunken auf dem Rücken. Zwischen ihren weit gespreizten Beinen funkelten scharfkantige vulkanische Kristalle und Felsen. *Dies* war der Eingang zur Unterwelt.

In ritterlicher Manier legte Maui seine Kleidung ab, sodass die filigranen, schuppenartigen Muster seiner Tätowierungen zum Vorschein kamen, und schlüpfte mit seinem ganzen Körper zwischen Hine-nui-te-pos Beine. Obwohl er seine Freunde, die Vögel, gebeten hatte, keinen Laut von sich zu geben, bis sie ihn aus dem Mund der Göttin hervortreten sahen, konnte ein kleiner Vogel angesichts dieses grotesken Schauspiels nicht an sich halten und zwitscherte vor Lachen aufgeregt los.

Im selben Moment erwachte Hine-nui-te-po und zerschnitt Maui in ihrer rasiermesserscharfen Vagina. So wurde Maui zum ersten Menschen, der den Tod fand, und aufgrund seines Schicksals sind in seiner Nachfolge alle Maori sterblich.

ZWEITES KAPITEL

SUMERISCHE MYTHOLOGIE

WER WAREN DIE SUMERER?

Die Sumerer waren ein Volk der Antike, das seit etwa 4000 v. Chr. in der Region Sumer, dem südlichen Teil Mesopotamiens, siedelte. Der Name Mesopotamien

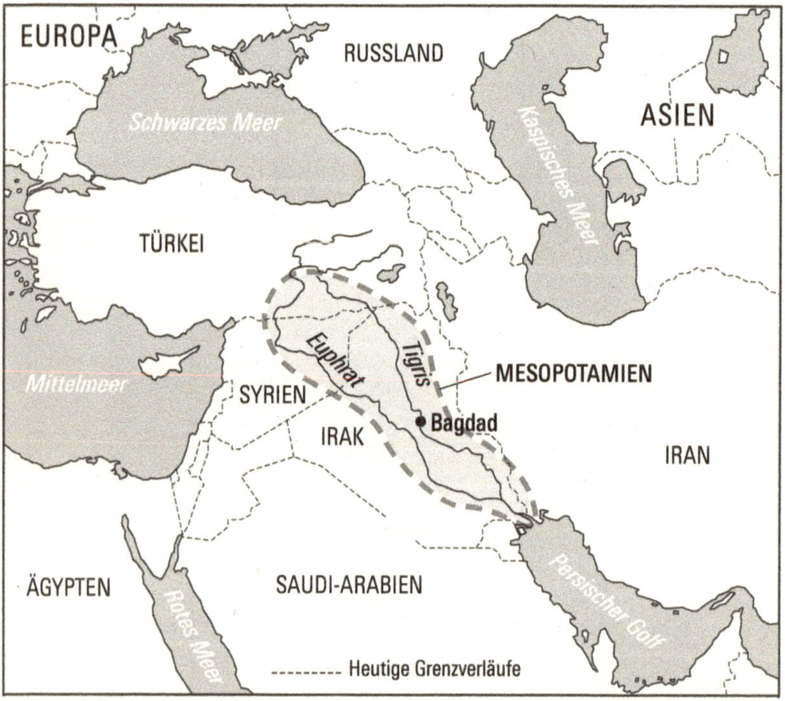

Das antike Mesopotamien mit heutigen Grenzverläufen

wurde von den Griechen geprägt und bezeichnet das Land »zwischen den Flüssen« Euphrat und Tigris, das sich größtenteils über die Gebiete des heutigen Irak und Syriens erstreckt. Eine flutartige Überschwemmung, die sich in dieser Region ereignet haben soll, gilt manchen Christen als Vorlage für die Geschichte von Noah und seiner Arche, und auch die sumerische Mythologie enthält Geschichten einer verheerenden Überschwemmung. Interessanterweise haben Geologen Belege dafür gefunden, dass sich zwischen 4000 und 2000 v. Chr. tatsächlich mehrere folgenschwere Überschwemmungen in der Region ereignet haben. Mythische Erzählungen von Überschwemmungen und Fluten, die erst zu Zerstörung und dann zu kultureller Wiedergeburt führen, sind allerdings häufig anzutreffen: Ähnliche Geschichten kennen auch die Griechen, die Römer und die Völker Zentralamerikas (mehr zu den Flutkatastrophen bei den Maya auf S. 109). Und dass in der Nähe des Zusammenflusses zweier großer Ströme Belege für Überschwemmungen gefunden werden, ist ebenfalls nichts Außergewöhnliches.

Im 5. Jahrtausend v. Chr. ließen sich die ersten Menschen in Mesopotamien nieder und gründeten Siedlungen, die sich später zu großen Stadtstaaten entwickelten. Im folgenden Jahrtausend kamen aus allen Himmelsrichtungen - auch aus der syrischen und der arabischen Wüste - Angehörige eines semitischen Volkes, der Sumerer, in das Zweistromland, und die Region erlebte ihre Blütezeit. Diese hielt bis etwa 2300 v. Chr. an, weshalb die Kultur der Sumerer als erste Hochkultur in der Geschichte der Menschheit gilt. In ihrer Spätphase war sie jedoch aufgrund interner Machtkämpfe zwischen den Stadtstaaten nach außen hin geschwächt. (Ein häufig wiederkehrendes Phänomen, das zum Niedergang zahlreicher Zivilisationen geführt hat, etwa auch des Römischen Reiches.) Den Sumerern kommt das Verdienst zu, die erste Schrift der Menschheit entwickelt zu haben, eine Keilschrift, die ein Silbenalphabet wiedergibt. Ihr Wissen auf den Gebieten der Astronomie und der Mythologie beeinflusste viele andere Kulturen, darunter auch die griechische.

Die Ursprünge

Die Texte der Sumerer sind uns nur in Fragmenten überliefert. Die Erzählungen ihrer Mythologie zusammenzusetzen, ist also, wenn nicht unmöglich, zumindest ziemlich knifflig. Die sumerische Keilschrift wurde erst im 19. Jahrhundert entziffert. Die Texte berichten von Königen (historischen sowie mythischen) und von Göttern, und sie beschreiben außerdem die Kosmologie dieser antiken Zivilisation.

Ein Fragment berichtet von der Entstehung des Universums, wie sie so ähnlich auch in anderen Religionen und Mythologien geschildert wird: durch die Trennung von Himmel und Erde. In der Erzählung der Sumerer werden der Himmelsgott An und sein weibliches Pendant, die Erdgöttin Ki, durch das Wirken ihres Sohnes Enlil getrennt. Dieser stürzt in der Folge seinen Vater und wird König der Göttergemeinschaft.

Ein anderes Fragment erzählt die Geschichte von Ninlil, der Göttin der Luft. Sie wird davor gewarnt, nackt im Fluss zu baden, da sie dadurch ungewollt die Aufmerksamkeit Enlils auf sich ziehen könnte. Doch bei der nächsten Gelegenheit taucht sie unbekümmert in den Fluss, wo sie sich dem Drängen des verliebten Enlil ausgesetzt sieht und von ihm mit dem Mondgott Nanna schwanger wird. Die anderen Götter sind entsetzt über Enlils Verhalten, verjagen ihn aus ihrem Reich und verbannen ihn und seine schwangere Geliebte in die Unterwelt.

Weil Enlil der Gedanke unerträglich ist, sein Sohn könnte auf ewig dort gefangen sein, ersinnt er einen Plan, der für moderne Ohren etwas befremdlich klingen mag: Er schlüpft in die Gestalt dreier Figuren der Unterwelt – eines Wächters, des Herrschers über den Fluss und des Fährmanns – und schwängert in jeder dieser Gestalten die bedauernswerte Ninlil. Als diese ihre Nachkommen zur Welt bringt, darunter drei unbedeutende Gottheiten, kann Nanna seine Eltern und seine Geschwister zurücklassen und dorthin auffahren, wo er hingehört: in den Himmel.

Ein moderner sumerischer Mythos

Die Abbildung auf der rechten Seite zeigt den Abdruck eines Siegels, wie ihn ein zylindrischer, mit Gravuren versehener Stein hinterlassen hat, der über eine glatte Oberfläche aus Lehm gerollt wurde. Solche zylindrischen Siegelsteine dienten den Sumerern als amtliche Stempel, wurden aber auch von modebewussten jungen Leuten als Schmuck getragen. Jeder Stein zeigte ein anderes Abbild. Die hier dargestellte Szene mit einem Würdenträger, der einer

Zeremonie mit zwei Beteiligten vorsteht, hat zahlreiche moderne Verschwörungstheoretiker inspiriert, da auf ihr angeblich die Sonne sowie Planeten zu sehen sind.

Abdruck eines sumerischen Zylindersiegels, der Hinweise auf das Wissen der Antike über das Sonnensystem geben soll

Das Element zwischen den beiden stehenden Figuren kann als Abbildung der Sonne interpretiert werden. Sie ist von elf Himmelskörpern umgeben, und ein zwölfter liegt etwas weiter entfernt, in Richtung der sitzenden Figur. 1976 veröffentlichte Zecharia Sitchin ein Buch über diese Abbildung, in dem er behauptete, die elf Punkte repräsentierten die neun Planeten unseres Sonnensystems sowie zwei seiner Monde, und daher sei die Abbildung ein wichtiger Beleg für das astrologische Wissen der Sumerer und ihre Kenntnis des Sonnensystems, mit der sie anderen Kulturen um Jahrtausende voraus gewesen seien.

Doch Sitchin ging noch weiter. Seiner Ansicht nach stellt der rätselhafte zwölfte Punkt, der außerhalb des »Sonnensystems« steht, einen Planeten namens Nibiru dar, auf dem Außerirdische leben, die alle 3600 Jahre zu den Sumerern kommen, um mit ihnen Versuche durchzuführen, sie zu unterrichten und mit ihren Frauen Unzucht zu treiben. Die Besuche der Anunnaki-Götter in der Welt der Sterblichen, von denen die sumerischen Mythen erzählen, seien, so Sitchin, eben diese Reisen der Außerirdischen, und nicht (wie allgemein geglaubt wird) die Besuche von Göttern, die von An abstammen.

Diese Theorie birgt allerdings einige Schwachstellen. Das gewichtigste Gegenargument liefert die Tatsache, dass sich die Sumerer (wie auch andere frühe

Kulturen) die Erde als eine Scheibe vorstellten, unter der sich das Reich des Todes befindet und die auf allen Seiten von himmlischen Wasserfluten umgeben ist. Von der Sonne oder gar dem Sonnensystem ist dagegen in den Keilschrifttexten nicht die Rede. Dennoch hat Sitchins Deutung etliche Anhänger gefunden und im Internet wimmelt es nur so von Theorien, nach denen Außerirdische vom »Planeten X« alle paar Jahrtausende auf die Erde kommen – obwohl es keinerlei Berichte eines solchen Besuches gibt, der doch seit der Blütezeit des sumerischen Reiches mindestens einmal stattgefunden haben müsste.

Dieses Beispiel zeigt anschaulich, wie sehr wir Menschen uns an Mythen festhalten, und dass wir auch abseitigen Geschichten Glauben schenken, um für das Mysteriöse eine rationale Begründung zu finden. Verschwörungstheorien sind nichts anderes als moderne Mythologien: nicht-religiöse Modelle, die höhere Mächte postulieren, mit denen sich die Geheimnisse unserer Welt erklären lassen.

GÖTTER UND HELDEN

Die Götterfamilie der sumerischen Religion ist groß und weit verzweigt. Viele dieser Figuren sind Göttern aus anderen Mythologien sehr ähnlich, wie etwa die Gottheiten des Himmels, der Erde, des Meeres, des Mondes und des Krieges.

Die bisher entzifferten Fragmente sumerischer Texte erzählen davon, wie Götter die ersten Stadtstaaten gründeten, dort als Könige regierten und die jeweiligen Herrscherdynastien begründeten. Durch diese Legitimierung konnten die Sumerer den nachfolgenden Königen den höchstmöglichen Rang zusprechen und sie so in den Stand von Halbgöttern erheben – und wer würde es schon wagen, dem Ur-ur-urenkel eines Gottes die Stirn zu bieten? Auch die Römer wandten diese Methode an. So machte sich etwa Augustus die Geschichte von Äneas zunutze (siehe Seite 179).

Enki

Die Götter bewohnten einst das idyllische Land Dilmun, in dem alle Geschöpfe in Eintracht lebten. Die Göttin Nintu bat eines Tages Enki, einen der bedeutendsten sumerischen Götter, Regen über das Land zu bringen. Enki, der Gott des Wassers, erfüllte Nintus Bitte und versuchte zugleich, von unersättlicher Lüsternheit getrieben, sie zu verführen. Nintu gab seinem Drängen jedoch erst nach, als er den guten Sitten genüge getan und sie zur Frau genommen hatte. Der Mythos verleiht so der Ehe den Charakter des Göttlichen.

Doch nach der Hochzeit war es mit den guten Sitten rasch vorbei. Nintu brachte nach neuntägiger Schwangerschaft Ninsar zur Welt (die Göttin der Pflanzen), die kurz darauf von ihrem eigenen Vater schwanger wurde. Auch sie war neun Tage lang schwanger und gebar danach Ninkurra, die Göttin der Berge. Enki führte die Tradition fort und schwängerte auch Ninkurra, die bald darauf mit Uttu niederkam. Dann verführte Enki auch Uttu, die dieses Schicksal nun schon in vierter Generation erdulden musste.

Da war Nintu mit ihrer Geduld endgültig am Ende, riss das jüngste »Saatkorn« aus Uttus Leib und pflanzte es in die Erde. Aus ihm erwuchsen acht Pflanzen. Doch Enki setzte sein unheilvolles Werk fort und verschlang die Pflanzen, die er für Delikatessen hielt. Weil sein Körper aber nicht geeignet war, diese Nachkommen zur Welt zu bringen, wurde er krank und über seinen Leib verstreut bildeten sich acht Wucherungen.

Nach einer Weile kam Nintu ihm zu Hilfe, schnitt die Samen aus seinem Leib und brachte so acht Göttinnen zur Welt. Sie alle helfen bei Krankheiten und jede von ihnen ist einer der acht Körperregionen zugeordnet, an denen Enki von den Wucherungen befallen war: Mund, Hals, Rippen und so fort. Diese mythische Erzählung ist ein wichtiges Lehrstück in Sachen Ausschweifung, sie liefert zudem Erklärungen für den Ursprung des Lebens (sowohl der Pflanzen als auch der Menschen) und stellt Gottheiten vor, die bei Beschwerden angerufen werden können.

Gilgamesch und die Flut

Das Gilgamesch-Epos ist eine der ältesten schriftlich festgehaltenen Geschichten und daher mit Sicherheit eine Nacherzählung wert. Gilgamesch regierte um das Jahr 2500 v. Chr .als König in der Stadt Uruk, und aus den zahlreichen Fragmenten von Tontafeln, auf denen seine Geschichte festgehalten ist, lassen sich die Legenden zusammensetzen, die sich um seine Person ranken. Er war ein Mensch, stammte aber angeblich von den Göttern ab, war wohlhabend, mächtig und schön und besaß geradezu aberwitzige Kraft, die gepaart war mit Habgier, Hochmut und maßloser Lüsternheit.

Eines Tages schickten die Götter Gilgamesch einen Widersacher, Enkidu, der ihn im Kampf besiegen sollte und der ihm auflauerte, als er gerade gegenüber einer Frau zudringlich wurde. Doch der Plan der Götter schlug fehl und die beiden wurden unzertrennliche Freunde. Gilgamesch hatte einen Spießgesellen gefunden, der gleichfalls ein Halbgott und zu allen Schandtaten bereit war. Immer wieder mussten die Götter einschreiten, als die beiden über die Stränge schlugen und etwa heilige Bäume fällten oder, nachdem Gilgamesch der Ischtar (der Göttin der Liebe) den Laufpass gegeben hatte, einen Stier töteten, der hoch in Ischtars Gunst gestanden hatte. Schließlich beschlossen die Götter, Enkidu eine grausame Krankheit zu schicken, die ihn das Leben kosten sollte, was Gilgamesch dazu veranlasste, über seine eigene Sterblichkeit nachzudenken. Bald darauf zog er aus, um das Geheimnis der Unsterblichkeit zu entdecken.

Nachdem er zahlreiche Abenteuer erlebt hatte, traf Gilgamesch schließlich auf Utnapischtim – dem die Götter die Unsterblichkeit geschenkt hatten – und hörte begierig zu, als dieser ihm seine Geschichte erzählte. Utnapischtim berichtete, wie der Rat der Götter aus Überdruss an den Menschen beschlossen hatte, eine große Flut zu schicken, bei der die gesamte Menschheit ums Leben kommen und anschließend ein Neuanfang erfolgen sollte. Nur Utnapischtim wusste von der bevorstehenden Flut, denn Ea, die Göttin der Weisheit, hatte ihn im Traum davor gewarnt und ihn geheißen, ein großes hölzernes Schiff zu bauen, auf dem seine Familie und alle Tiere und Pflanzen Schutz finden sollten. Als die Flut kam, riss sie alles Leben mit sich, außer Utnapischtim und den Tieren, die er gerettet hatte. Nachdem er etliche Wochen auf den Wogen der Flut ausgeharrt hatte, ließ er drei Vögel frei. Nach einer

Weile gab der dritte von ihnen seinem Herrn ein Zeichen, dass Land in Sicht war und sie somit bald in Sicherheit wären.

Beeindruckt von dieser Geschichte befand Gilgamesch, dass seine eigene Sterblichkeit ein erträgliches Übel sei, da die Menschheit als Ganzes unsterblich war. Er kehrte nach Uruk zurück, noch immer ein Sterblicher, aber glücklicher als zuvor und in der Gewissheit, dass sein Vermächtnis ewig währen würde – was die Nacherzählung seiner Erlebnisse auf diesen Seiten bestätigt.

DRITTES KAPITEL

ÄGYPTISCHE MYTHOLOGIE

WER WAREN DIE ÄGYPTER?

Um das Jahr 3150 v. Chr. entstand an den Ufern des Nil, der Lebensader der Region, ein vereintes ägyptisches Reich. Der Legende nach soll König Menes damals Ober- und Unterägypten gleichsam über Nacht zusammengeführt haben. In Wirklichkeit dauerte es sehr viel länger, bis die diplomatischen Bemühungen schließlich zur Einheit des Landes führten – aber wie jede andere mythische Erzählung vereinfacht auch diese. Dem aufmerksamen Leser wird nicht entgangen sein, dass die alten Ägypter damit Zeitgenossen der auch geografisch nicht weit entfernten Sumerer waren (vgl. zweites Kapitel).

Wir alle haben Bilder des antiken Ägypten vor Augen: Mumien, Pyramiden, Hieroglyphen, Pharaonen und die Sphinx. Dies zeigt, wie stark die ägyptische Kultur in ihrer faszinierenden Einzigartigkeit von Religion, Ritualen und Mythen geprägt war. Die Blütezeit des ägyptischen Reichs und der ägyptischen Kultur dauerte etwa von 1500 bis 1000 v. Chr. In dieser Zeit herrschten die gottgleichen Pharaonen (von denen wir schon in der Schule gehört haben) wie Hatschepsut, Ramses II. und Tutanchamun, um nur einige zu nennen.

Im 4. Jahrhundert vor Christus eroberte der griechische Feldherr Alexander III. von Makedonien, besser bekannt als Alexander der Große, das riesige Perserreich, das weite Gebiete im vorderen und mittleren Orient umschloss, darunter Syrien und Ägypten. In den folgenden acht Jahren errichtete er ein Reich, das sich über drei Kontinente erstreckte. In Ägypten gründete er die neue Hauptstadt Alexandria, die bis heute seinen Namen trägt. Doch trotz der Eroberung hatten die Religion und die Mythologie des antiken Ägypten weiterhin Bestand, und zwischen Griechenland und Ägypten begann ein reger kultureller und wissenschaftlicher Austausch, bei dem Alexandria als Universitäts- und Gelehrtenstadt eine bedeutende Rolle spielte.

Die ägyptische Mythologie ist vielschichtig und nicht nur von der Geografie des Landes geprägt – vom Nil als Lebensader, von den angrenzenden Meeren, den Bergen und der Wüste –, sondern auch von der Langlebigkeit dieser Zivilisation. Die 31 Dynastien, die über einen Zeitraum von 2500 Jahren herrschten, übten bedeutenden Einfluss auf die kulturelle und religiöse Entwicklung der ägyptischen Antike aus. Und für die Ägypter waren ihre Mythen mehr als nur Geschichten. Die Erzählungen von den antiken ägyptischen Göttern gründen in den wenigen Gewissheiten, die wir bezüglich des Universums haben – wie etwa der Lauf der Sonne, des Mondes und der Sterne –, und sind sowohl moralische Lehrstücke als auch Anleitungen für das Verhalten in der altägyptischen Gesellschaft.

Die Erschaffung des Universums

Die ägyptische Mythologie kennt mehrere Schöpfungsberichte. Jedes der Gebiete, aus denen sich das antike Ägypten zusammensetzte, fügte den bestehenden Erzählungen vom Ursprung der Welt die eigenen regionalen Gottheiten hinzu und schmückte sie mit eigenen Versionen aus, sodass eine Vielzahl von Fassungen entstand, in denen die Namen der Götter und die Details der Handlung variieren. (In späterer Zeit erklärten die Ägypter dies mit der Tatsache, dass die Erschaffung des Universums die vereinten Kräfte mehrerer Götter erforderte, die alle dieses Werk zufällig am selben Tag in Angriff nahmen.)

Am Anfang (so berichtet jedenfalls eine der Erzählungen) gab es nur das undurchdringliche, ungeordnete Nichts, verkörpert vom Gott Nun. Aus dieser Leere erhob sich der pyramidenförmige Urhügel Benben, auf dem der Schöpfergott Atum einer Lotusblume entstieg und so das Licht in die Welt brachte. (Daher steht Atum auch in direkter Nachbarschaft zu dem Sonnengott Ra.) Atum zeugte die erste Generation der Götter, indem er seinen Samen über der Leere verteilte, wodurch Schu, der Gott der Luft, und Tefnut, die Göttin des Feuers, entstanden. Diesen beiden entstammten Geb, der Gott der Erde, und Nut, die Göttin des Himmels, die von ihrem Vater Schu ans Firmament gehoben wurde, sodass sie sich in Gestalt des bestirnten Himmelszelts über ihren Bruder beugen konnte.

Nach der Erschaffung der Erde, des Himmels und der dazwischenliegenden Luft herrschte Atum als erster Pharao über das ägyptische Universum. Als ihm die Prophezeiung zu Ohren gekommen war, die Himmelsgöttin Nut werde ein Kind gebären, das ihn einst vom Thron stürzen würde, untersagte er ihr dies. Doch Nut widersetzte sich seinem Willen und brachte vier Kinder zur Welt: Osiris, Isis, Seth und Nephthys. Osiris war es schließlich, der als erwachsener Mann die Prophezeiung erfüllte. (In der griechischen Mythologie gibt es mit dem Kampf des Kronos um die Macht eine ähnliche Geschichte, siehe Seite 144)

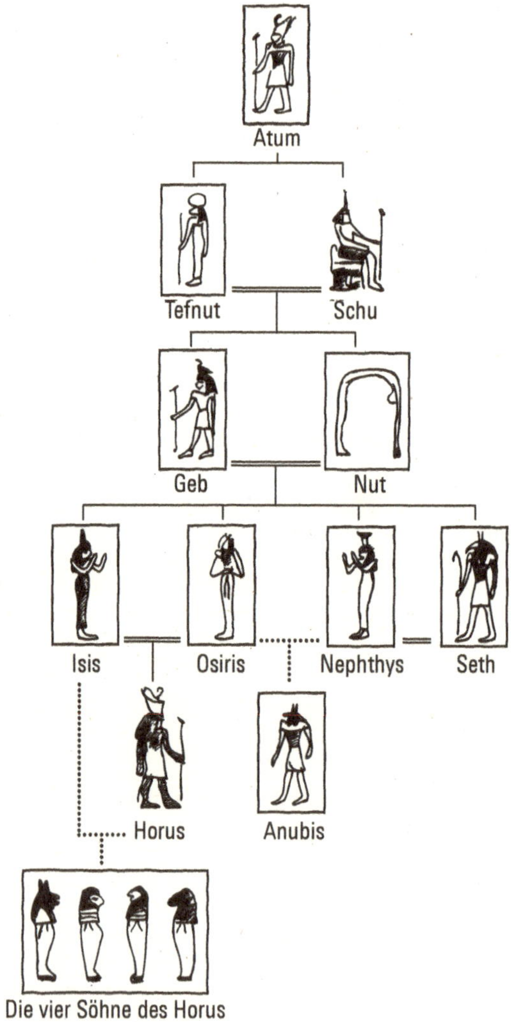

Der Stammbaum der ägyptischen Gottheiten

Herz und »Maat«

Als Atum die Welt erschuf, verbannte er das von Nun beherrschte Chaos aus dem Universum. An seine Stelle trat *Maat*, das Prinzip der Ausgewogenheit, der Gerechtigkeit und der kosmischen Harmonie. Dieses allgemeingültige Prinzip war überall im ägyptischen Leben gegenwärtig, es prägte die ethischen Grundsätze und das Verständnis des Weltalls, aber auch die Gesetze und den politischen Alltag. Maat wurde als junge Göttin dargestellt, oftmals mit einer Feder auf dem Kopf.

Nach dem Glauben der alten Ägypter war das Herz der Sitz der Seele. Wenn ein Mensch starb, legte Anubis (der Gott der Totenriten) dessen Herz auf eine Waage und wog es mit Maats Feder auf. Der Ausschlag der Waage zeigte an, inwieweit der Verstorbene ein Leben im Einklang mit den Prinzipien von Maat geführt hatte. Die Herzen, die die Prüfung nicht bestanden, erlitten einen zweiten Tod und wurden von der Göttin Ammit verschlungen, einem gefräßigen Geschöpf und einer Mischung aus Löwin, Krokodil und Nilpferd (den drei furchteinflößendsten Wesen,

die die Ägypter kannten). Die Leichname dieser Verstorbenen wurden in ewige Verdammnis in die Unterwelt Duat verbannt. Denjenigen, deren Herz sich mit Maats Feder die Waage hielt, winkte ein weitaus angenehmeres Schicksal: Sie gingen in das immerwährende Paradies Sechet-iaru ein.
Die ägyptischen Pharaonen stammten der Sage nach direkt von den Göttern ab. Daher bestand ihre wichtigste Aufgabe als Regenten darin, den Prinzipien von Maat Geltung zu verschaffen. Ein Weg, um das kosmische Gleichgewicht aufrechtzuerhalten, waren Riten, Mythen und Zeremonien im Namen der Götter und der Pharaonen. Nicht zuletzt durch diese fortwährende Bekräftigung von Maat entwickelten die Ägypter einen so reichen Schatz an Bräuchen.

Die Auferstehung des Osiris

Osiris, dem von Geburt an vorherbestimmt war, Atum zu stürzen und über das ägyptische Universum zu herrschen, war Teil einer eng verflochtenen Familie. Er bildete mit seiner Schwester Isis ein Paar, so wie sein Bruder Seth mit der anderen Schwester Nephthys. Doch eine geschwisterliche Allianz war ihm nicht genug, und so ging er mit seiner anderen Schwester (und Schwägerin) Nephthys ebenfalls ein Liebesverhältnis ein, aus dem Anubis entstand, der Gott der Totenriten.

Wütend über diesen Vertrauensbruch und von Eifersucht getrieben, ermordete Seth seinen Bruder. Der Kampf der Brüder wurde zum Symbol für den immerwährenden Widerstreit von Ordnung und Chaos unter dem Zeichen von Maat. Vom genauen Hergang des Mordes sind kaum Details überliefert, denn die Ägypter sprachen ihrer Hieroglyphenschrift besondere Kräfte zu und hielten es für möglich, dass Geschriebenes die Grausamkeiten des Erzählten in der Wirklichkeit erneut auslöste.

Als Isis' und Nephthys' Suche nach Osiris' Leichnam erfolglos blieb, vergoss Isis Tränen der Trauer um ihren Ehemann und Bruder, und diese Tränen lassen der Sage nach seitdem jedes Jahr den Nil über die Ufer treten. (Daher wird Osiris auch als Spender von Leben und Fruchtbarkeit in der Region angesehen.) Mithilfe von Anubis, dem Gott der Totenriten, wurden Isis und Nephthys des Leichnams ihres Bruders doch noch habhaft, balsamierten ihn ein und erweckten ihn so wieder zum Leben. Das Einbalsamieren war im ganzen antiken Ägypten verbreitet. Man hoffte, dadurch den nach dem Tod einsetzenden Verwesungsprozess des Körpers anzuhalten oder sogar umzukehren.

Osiris' Auferstehung war jedoch nur teilweise vollzogen worden: Anschließend herrschte er an Anubis' Stelle über die Toten. Ihm war nur wenig Zeit vergönnt, und diese nutzte er, um sich mit seiner Frau Isis zu vereinen, die bald darauf einen Sohn gebar: Horus.

Nachdem Seth Osiris ermordet hatte, kämpfte er mit Horus lange um die Macht. Etliche Mythen erzählen von den zahlreichen Auseinandersetzungen und den Listen, mit denen die beiden Götter einander zu überwältigen suchten. Eine der Geschichten berichtet davon, wie Horus Seth einen Hoden abschneidet. Eine andere erzählt, wie Seth Horus ein Auge aussticht. In einem dritten Mythos versucht Seth, Horus mit seinem Samen zu befruchten, was als Versuch der Vergiftung und als erniedrigende Herrschaftsgeste gedeutet wird. Horus gelingt es jedoch, den Samen mit der Hand aufzufangen und in den Fluss zu werfen, und er rächt sich, indem er seinen eigenen Samen auf ein Salatblatt träufelt, das Seth später verspeist, was dessen Niederlage besiegelt.

Horus

Der falkenköpfige Horus war ein Gott des Himmels, der als Beschützer galt, aber auch Macht verkörperte. Außerdem war er der Gott der Jagd und des Krieges. Eines der am weitesten verbreiteten Symbole der ägyptischen Mythologie ist das Horusauge, das sich auf Skulpturen und Schmuckstücken findet und das Schutz und Orientierung bieten sollte. Auch Schiffe trugen es auf dem Bug. Die Augen des Gottes Horus glichen der Überlieferung nach der Sonne (verkörpert durch den Sonnengott Ra) und dem Mond (verkörpert durch Thot, den Gott des Mondes). Doch nicht nur in der ägyptischen Kultur ist das Allsehende Auge ein bedeutendes Symbol: Es findet sich auch im Christentum in Form des Auges der Vorsehung, auf der Rückseite der 1-Dollar-Note und natürlich als Auge Saurons in *Der Herr der Ringe*.

Das Horusauge

Obwohl diese Geschichten ausgesprochen gewalttätig sind, haben sie doch den Charakter von Gleichnissen. Seth wird oftmals als Gott Oberägyptens angesehen (des Landesteiles, der zu den Quellen des Nil hin liegt), und Horus als der Gott Unterägyptens (der Region um das Nildelta), und ihre Auseinandersetzung symbolisiert nicht nur den Kampf zwischen Ordnung und Chaos und somit das Ringen um die Aufrechterhaltung der grundlegenden Prinzipien von Maat (vgl. S. 59), sondern auch die Vereinigung der beiden Regionen Ende des 4. Jahrtausends v. Chr. zu einem Reich.

Zum Zeitpunkt des Zusammenschlusses herrschte Unterägypten mit dem fruchtbaren und lebenspendenden Nildelta (in dem heute die Städte Kairo und Alexandria liegen) über Oberägypten, und weil Seth im Kampf mit Horus einen Hoden verlor, blieb Oberägypten der Sage nach eine trockene und unfruchtbare Wüste. Dass Horus sein linkes Auge (das mit dem Mond gleichgesetzt wird) erst verlor, später aber wiedergewann, erklärt, warum sich der Nachthimmel einmal im Monat gänzlich verfinstert, bevor der Mond wieder in seiner Umlaufbahn sichtbar wird.

Die Pyramiden: Weltwunder der Antike

Der älteste erhaltene pyramidenförmige Bau stammt aus der Zeit um 2600 v. Chr., und vermutlich war Ägypten geradezu übersät mit dieser Art von Bauwerken, von denen Archäologen bis heute weit über 100 freigelegt haben. Die ägyptischen Pharaonen stammten der Sage nach direkt von den Göttern ab und galten als menschliche Inkarnation des Horus, weshalb ihnen bei ihrem Tod mit prunkvollen Zeremonien gehuldigt wurde. Ihre Leichname wurden einbalsamiert, weil man glaubte, dadurch den natürlichen Zerfallsprozess umkehren zu können, und in den steinernen Pyramiden fanden sie ihre letzte Ruhestätte.

In der Form der Pyramiden kommt ihre symbolische Bedeutung als Himmelstreppe zum Ausdruck. Ursprünglich waren sie mit auf Hochglanz polierten Kalksteinen verkleidet, deren helle, weiße Strahlkraft atemberaubend gewesen sein muss. Der Überlieferung zufolge entspricht die Form der Pyramiden derjenigen des Urhügels Benben, der ersten Erhebung im ägyptischen Universum, vom dem alles Leben ausging (vgl. S. 56).

In manchen Pyramiden wurden die Leichen mit allen Arten von Reichtümern in der Erde beigesetzt. In der Cheops-Pyramide in Gizeh wurde dem Verstorbenen sogar ein ganzes Holzboot mitgegeben, das in Einzelteilen in einer eigens dafür ausgehobenen Grube gelagert wurde. Diese Pyramide, die größte und berühmteste der Welt, ragte einst über 146 Meter in die Höhe (das entspricht einem 44-stöckigen Gebäude). Ihre geheimen Kammern sind noch immer nicht vollständig erforscht, und die absichtlich verwinkelten und verwirrenden Gänge und Korridore im Inneren der Pyramiden tragen wesentlich zu der geheimnisvollen Faszination bei, die die ägyptische Antike bis heute umgibt.

VIERTES KAPITEL

CHINESISCHE MYTHOLOGIE

DAS ANTIKE CHINA

Die chinesische Kultur hat eine lange Tradition, weshalb sich in der chinesischen Mythologie Einflüsse zahlreicher Religionen und Weltanschauungen finden. Ihre Geschichten existieren schon seit tausenden von Jahren und sie erzählen von den Anfängen des chinesischen Volkes, seinen legendären Herrschern und der Entstehung von Religion und Bräuchen. Die ältesten erhaltenen schriftlichen Quellen sind Knochenfragmente mit eingravierten Zeichen aus der Zeit um 1200 v. Chr. Allerdings etablierte sich die erste Dynastie vermutlich schon etwa tausend Jahre zuvor, um 2100 v. Chr., mit der Familie der Xia, die mutmaßlich in der Region des Gelben Flusses herrschte. Trifft dies zu, so gehen die Geschichten und mythologischen Vorstellungen, die die chinesische Zivilisation prägen, wahrscheinlich bis auf diese Zeit zurück.

Ab etwa 485 v. Chr. zerfiel China in mehrere rivalisierende Königreiche. Eines davon war das Reich Qin mit der gleichnamigen Dynastie, die im Jahr 221 v. Chr. die Einigung des Reiches herbeiführte. Obwohl die

Qin-Dynastie nur bis 207 v. Chr. Bestand hatte, wurden in dieser Zeit die Grenzverläufe und die Verwaltungsstrukturen geschaffen, die noch heute im modernen China zu finden sind. Seit diesen Anfängen hat China sich zum größten Land der Erde entwickelt, in dem mit sage und schreibe über 1,3 Milliarden Menschen fast ein Sechstel der Weltbevölkerung lebt.

Bai She Zhuan (Die weiße Schlangenfrau)

Die Sage von der weißen Schlangenfrau erzählt von den Geistern einer weißen und einer grünen Schlange, die im Westsee von Hangzhou lebten. Sie ist schon Hunderte Jahre alt und wurde zum Gegenstand etlicher chinesischer Theaterstücke, Romane, Opern und sogar Filme und Computerspiele, was dazu geführt hat, dass zahlreiche Versionen der Geschichte im Umlauf sind.

Bai She Zhuan, die weiße Schlange, und Xiaoqing, die grüne Schlange, versuchten mithilfe der taoistischen Magie, das Geheimnis der Unsterblichkeit zu ergründen. Nach einer Weile verfügten sie über ausreichend Kräfte, um sich in wunderschöne Frauen zu verwandeln. An der Durchbrochenen Brücke am Westsee begegnete Bai She Zhuan einem jungen Mann namens Xu Xian. Dieser bot ihr Schutz unter seinem Regenschirm, und die beiden verliebten sich ineinander. Bald darauf heirateten sie und eröffneten in einer nahe gelegenen Stadt eine Apotheke. Einige Zeit später lernte Xu Xian jedoch den buddhistischen Mönch Fa Hai kennen, der ihn vor seiner Frau warnte, weil er ahnte, dass diese in Wahrheit eine Schlange war. Während des alljährlichen Drachenbootfestes überlistete Fa Hai Xu Xian, sodass dieser seiner Frau eine Dosis Arsen verabreichte. Die Zauberkräfte von Bai She Zhuan, die mit ihrem ersten Kind schwanger war, ließen daraufhin nach und sie musste ihre wahre Gestalt enthüllen. Als Xu Xian erfuhr, dass seine Frau in Wahrheit eine weiße Schlange war, fiel er auf der Stelle vor Schreck tot um.

Xu Xian gelangte zwar mithilfe eines besonderen Heilkrautes wieder zurück ins Leben, doch sein Glück war nur von kurzer Dauer, denn Fa Hai trennte ihn gewaltsam von seiner Frau und sperrte ihn in einen Tempel. Bai She Zhuan wollte ihren eingekerkerten Ehemann retten und setzte den Tempel unter Wasser, in der Hoffnung, Fa Hai würde durch die Fluten herausgespült. Im anschließenden Kampf kam Xiaoqing, die grüne Schlange, Bai She Zhuan und Xu Xian zu Hilfe, und gemeinsam besiegten sie Fa Hai. An der Durchbrochenen Brücke fanden die beiden Liebenden wieder zueinander, doch nachdem Bai She Zhuan einen Sohn zur Welt gebracht hatte, nahm Fa Hai sie gefangen und setzte sie in der Leifeng-Pagode fest.

Viele Jahre später, als Bai She Zhuans Sohn erwachsen war und im Dienste des chinesischen Staates stand, befreite die grüne Schlange Bai She Zhuan aus der Gefangenschaft. Das Ende der Geschichte ist in verschiedenen Versionen überliefert. Eine davon erzählt, wie Bai She Zhuan ewiges Leben erlangt, dafür aber auf immer von ihrem Mann und ihrem Sohn getrennt wird. Noch heute ist ihr Geist auf der langen und niedrigen Durchbrochenen Brücke zu sehen, wenn diese vom Schnee bedeckt ist.

Die Interpretationen dieser Geschichte unterscheiden sich, je nachdem, auf welche Version sie sich beziehen. Der hier nacherzählten Fassung liegt der Gedanke zugrunde, dass gesellschaftliche Moralvorstellungen über den Wünschen und Begierden des Einzelnen stehen. Das Liebesverhältnis zwischen der Schlange und dem jungen Mann war ungebührlich und widersprach dem Willen des weisen Mönchs, weshalb die beiden dafür bestraft wurden. Im Gegenzug rühmt die Erzählung das Paar für sein sittsames Verhalten: Sie gehen mit vollem Einsatz einem ehrenwerten Beruf nach, ihr Sohn genießt eine angesehene Ausbildung und bleibt seinem Vater treu ergeben. Und erst als ihr Sohn in der Gesellschaft reüssiert hat, wird Bai She Zhuan aus der Gefangenschaft befreit und kann zum Westsee zurückkehren.

Kua Fu

Die Geschichte von Kua Fu, dem Anführer einer Sippe von Riesen, ist eine der ältesten chinesischen Sagen. Sie erklärt die Entstehung zahlreicher geologischer Besonderheiten des Landes und veranschaulicht, wie wichtig es ist, sich in Bescheidenheit zu üben.

Während eines ungewöhnlich heißen Sommers, als das Land ausgetrocknet dalag und die Wälder von Bränden heimgesucht wurden, waren die Riesen so entkräftet, dass sie sich kaum noch bewegen konnten. Um die sengende Hitze zu mildern, gelobte Kua Fu, der Sonne auf ihrer Bahn nachzustellen, sie einzufangen und zu zähmen. Neun Tage und Nächte lief er so schnell er konnte über das Land. Aus der Erde, die dabei von seinen Sandalen fiel, entstanden die großen Hügel, und aus den drei Steinen, auf die er jeden Abend seinen Kessel stellte, schuf er drei große Berge.

Als Kua Fu die Sonne endlich einholte, ertrug er ihre Hitze nicht, weshalb er zum Gelben Fluss eilte, wo er – vergebens – seinen Durst löschen wollte. Noch immer ausgedörrt, trank er von den Wassern des Flusses Wei, aber auch dort konnte er seinen Durst nicht stillen. In einem letzten verzweifelten Versuch machte Kua Fu sich auf den Weg zum Großen See, doch seine Kräfte verließen ihn und er kam, nach Wasser lechzend, ums Leben.

Kua Fus Geschichte lehrt, wie wichtig ein starker Anführer sein kann, dient aber auch der ausdrücklichen Warnung vor den Gefahren des Hochmuts. Auch der griechische Mythos von Ikarus (siehe Seite 170) erzählt von einem Helden, der umso mehr an Kraft verliert, je näher er der Sonne kommt.

TIERE UND FABELWESEN

Wie in den anderen Sagenkreisen, von denen dieses Buch erzählt, spielen auch in der chinesischen Mythologie Fabelwesen und andere Geschöpfe eine wichtige Rolle.

Drachen

Der Drache ist eines der charakteristischsten Symbole Chinas. Bei traditionellen chinesischen Festen ist er in Gestalt langer, schlangenähnlicher Puppen zu sehen, wir begegnen ihm an etlichen Gebäuden auf der ganzen Welt, die von chinesischer Baukunst beeinflusst sind, und natürlich in den Namen zahlreicher chinesischer Restaurants. Anders als das feuerspeiende, jungfrauenraubende Ungetüm der europäischen Tradition ist der chinesische Drache ein wohlwollendes und glückverheißendes Geschöpf, das anmutig durch die Lüfte kreist, über magische Fähigkeiten verfügt und als Vorbote von Reichtum und Wohlstand verehrt wird. Er ist ein Mischwesen aus verschiedenen Tieren

(u. a. mit der Pfote eines Tigers, dem Auge eines Hasen, dem Geweih eines Hirschen, den Schuppen eines Karpfens) und gilt als Zeichen der Macht und des Glücks. Herrscher früherer Zeiten rückten sich selbst in die Nähe des Drachen, um ihren Machtanspruch zu untermauern.

Im Gegensatz zu den feuerspeienden Drachen der westlichen Welt stehen die chinesischen Drachen für Feuchtigkeit, Regen und Wolken. Ihr Atem bringt Wolken hervor, ihr herumwirbelnder Flug entfacht Stürme und ihr Zorn kann, abhängig von ihrer Stimmung, sowohl Überschwemmungen als auch Dürre auslösen. Die Drachen sind die Hüter des Wetters, der Jahreszeiten und auch des Kreislaufs von Tag und Nacht.

In Kunstwerken, Skulpturen und Verzierungen wird der Drache oftmals dargestellt, wie er eine Perle ergreift oder die Klauen nach ihr ausstreckt. Die Perle symbolisiert eine unergründliche Wahrheit oder geheimes Wissen, nach dem der Drache strebt. Sie steht für die Lebensenergie (chinesisch: *chi*), die alles ins Gleichgewicht bringt, und für den Schöpfer aller Dinge. Manchmal wird sie auch als Erdkugel dargestellt.

Das chinesische Neujahrsfest

Das chinesische Neujahrsfest ist nicht nur von kalendarischer Bedeutung, sondern erinnert auch an eine eindrückliche mythische Erzählung.

In früheren Zeiten lebte ein furchtbares Ungeheuer namens Nian (»das Jahr«), das in jeder Neujahrsnacht seine Gier befriedigte und Menschen verschlang. Daher flohen die Menschen jedes Jahr an diesem Tag aus ihren Dörfern und versteckten sich in den Bergen, bis die räuberische Bestie wieder davongezogen war.

Einmal kam ein alter Bettler in ein Dorf, gerade als die Einwohner, wie jedes Jahr, zur Flucht aufbrachen. Er bat eine alte Frau, sie möge ihn für den Abend bei sich aufnehmen. Die Alte riet dem Bettler dringend, mit ihnen in die Berge zu kommen. Dieser ließ sich jedoch nicht beirren und versprach, den gefräßigen Nian zu vertreiben, wenn ihm eine Nacht Unterkunft gewährt würde.

Als Nian um Mitternacht in das Dorf kam und nach seinen nächsten Opfern Ausschau hielt, bot sich ihm ein erschreckender Anblick. Das Haus der alten Frau war rot getüncht und von lodernden Feuern umgeben, und die Luft hallte wider vom Krachen und Zischen explodierender Feuerwerkskörper. Plötzlich flog die Vordertür des Hauses auf und der alte Bettler trat heraus, gekleidet in einen roten Umhang und erleuchtet vom hellen Licht der flackernden Feuer. Dieses Schauspiel jagte Nian einen so großen Schrecken ein, dass er vor lauter Furcht dem Dorf den Rücken kehrte.

Noch heute bleiben die Menschen in China in der Neujahrsnacht wach, entfachen Feuer, zünden Feuerwerkskörper und schmücken ihre Häuser rot, um das entsetzliche Ungeheuer fernzuhalten.

Der chinesische Tierkreis

Wie viele andere Kulturen setzte auch die chinesische Antike bestimmte Himmelserscheinungen mit den verschiedenen Aspekten der menschlichen Persönlichkeit in Beziehung. Der chinesische Kalender umfasst zwölf Jahre, denen jeweils ein bestimmtes Tier zugeordnet ist, dessen charakteristische Eigenschaften auch den Menschen zugesprochen werden, die in den entsprechenden Jahren geboren sind. Dieser Tierkreis wurde auch verwendet, um die Tageszeiten zu benennen (in zwölf je zweistündigen Abschnitten).

1936, 1948, 1960, 1972, 1984, 1996, 2008

鼠

Ratten sind klug, bei anderen beliebt und unterhaltsame Gefährten. Sie sind sehr treu und schrecken vor keiner Herausforderung zurück, erliegen aber leicht der Habsucht und der Geldgier.

1937, 1949, 1961, 1973, 1985, 1997, 2009

牛

Büffel sind verlässlich, haben einen starken Willen und sind gute Anführer. Sie neigen zu Starrsinn und fühlen sich manchmal einsam.

1938, 1950, 1962, 1974, 1986, 1998, 2010

虎

Tiger sind ruhige und Respekt einflößende Anführer. Sie sind ehrgeizig, wagemutig und philosophisch veranlagt, können aber auch launisch sein und starke Empfindungen haben. Achtung vor den Krallen!

1939, 1951, 1963, 1975, 1987, 1999, 2011

兔

Hasen sind häusliche Menschen, die sich gerne mit Freunden und Familie umgeben. Sie sind aufrichtig, äußerst vertrauenswürdig und vermeiden um jeden Preis Konflikte, wodurch sie für andere eine leichte Beute werden können.

1940, 1952, 1964, 1976, 1988, 2000, 2012

龙

Wer im Jahr des Drachen geboren ist, kann sich glücklich schätzen. Der Drache zählt zu den mächtigsten Zeichen des chinesischen Tierkreises. Drachen sind geborene Anführer, besitzen eine ausgesprochen starke Persönlichkeit und nehmen auf ihrem Weg nach oben keinerlei Rücksicht.

1941, 1953, 1965, 1977, 1989, 2001, 2013

蛇

Schlangen sind intelligente Menschen. Sie können mit Geld umgehen, sind sehr charmant und große Verführer. Bisweilen neigen sie jedoch zu Eifersucht und haben eine gefährliche Seite.

1942, 1954, 1966, 1978, 1990, 2002, 2014

马

Pferde sind Machertypen. Sie arbeiten viel und haben ein einnehmendes Wesen, werden aber leicht ungeduldig. Sie reisen gerne, doch diese Leidenschaft kann sie auch rastlos wirken lassen.

1943, 1955, 1967, 1979, 1991, 2003, 2015

 羊

Ziegen sind kreative Persönlichkeiten. Sie verlieren sich gerne in ihren Gedanken, und viele von ihnen sind große Geister und Philosophen. Aber sie haben oft auch mit Angst und Unsicherheit zu kämpfen und bedürfen der Beruhigung durch andere.

1944, 1956, 1968, 1980, 1992, 2004, 2016

 猴

Affen sind lebhafte und quirlige Typen. Sie können gut zuhören, leben jedoch nur für den Moment und stellen ihre eigenen Interessen vornan. Ihre Gegenwart ist erfrischend, aber langfristige Verpflichtungen sind nicht ihre Stärke.

1945, 1957, 1969, 1981, 1993, 2005, 2017

雞

Hähne sind ehrliche, praktisch veranlagte Menschen, die über alles gründlich nachdenken. Sie sind fleißige Arbeiter und Perfektionisten, weshalb sie manchmal ein bisschen zu pingelig und ordnungsliebend wirken.

1946, 1958, 1970, 1982, 1994, 2006, 2018

狗

Hunde sind vertrauenswürdig und aufrichtig. Sie sind erfolgreiche Geschäftsleute, haben aber keine Skrupel zu lügen, falls es opportun ist, und sind anfällig für Stimmungsschwankungen.

1947, 1959, 1971, 1983, 1995, 2007, 2019

 猪

Schweine sind verlässliche Begleiter und stets hilfsbereit. Sie haben einen sicheren Geschmack und sind wissbegierig. Sie sind intelligent und erledigen zuverlässig ihre Aufgaben. Doch man sollte sie nicht herausfordern – dann wehren sie sich.

FÜNFTES KAPITEL

DIE MYTHOLOGIE DER INDIANER

WER WAREN DIE INDIANER?

Wann genau die ersten Menschen nach Nordamerika einwanderten, ist Gegenstand kontroverser Diskussionen, doch wir wissen, dass Amerika spätestens seit 10 000 v. Chr. besiedelt war, vielleicht aber auch schon sehr viel früher. Die neuen Bewohner breiteten sich mit der Zeit über den nördlichen und den südlichen Teil des Kontinents aus, und dabei entstanden verschiedene Kulturen, die zu verschiedenen Epochen ihre Blütezeiten erlebten. Die Kultur, die wir heute als indianisch bezeichnen, entwickelte sich in Nordamerika zwischen 1000 v. Chr. und 1000 n. Chr. Zu letzterem Zeitpunkt existierte bereits die Stadt Cahokia, das Zentrum der Mississippi-Kultur. Sie lag auf dem Gebiet des heutigen St. Louis, Missouri, war von beachtlicher Größe und hatte bis zu 20 000 Einwohner – fast so viele wie London zur selben Zeit.

Die Kultur der nordamerikanischen Indianer ist tief mit dem Land verbunden. In ihrem Zentrum steht das spirituelle Gleichgewicht zwischen Mensch und Natur. Tiere spielen in ihrer Mythologie eine wichtige Rolle: Jedes Lebewesen hat eine individuelle Seele und ist zugleich Teil der gemeinschaftlichen Weltseele. Nach Ansicht der Indianer gehört das Land allen Geschöpfen, und Jäger sprachen den Tieren, die sie zur Nahrungsbeschaffung erlegten, ihren Dank aus.

Ab 1492 kamen europäische Entdecker nach Amerika und brachten dabei, neben anderen »Geschenken«, Krankheiten und die Kolonialherrschaft mit – beides trug nicht dazu bei, die Lebensbedingungen der Indianer zu verbessern. Über die folgenden Jahrhunderte hinweg erlebten die amerikanischen Ureinwohner einen Zusammenprall der Kulturen, der noch heute zu großen Spannungen führt.

GEISTER UND RITUALE

Die Schöpfungsmythen der Indianer sind so zahlreich wie die Stämme, die über ganz Nordamerika verbreitet waren. Als die Europäer 1492 amerikanischen Boden betraten, lebten auf dem Gebiet der heutigen USA unter Umständen zehn Millionen oder mehr Menschen, die in über 500 Stämmen zusammengeschlossen waren. Angesichts dieser Zahlen verwundert es nicht, dass auf einem einzigen Kontinent so viele unterschiedliche Weltanschauungen entstanden.

Wakan Tanka und die Erschaffung der Welt

Trotz aller Unterschiede pflegten die Stämme der Sioux und der Lakota ähnliche religiöse Vorstellungen und Bräuche, in deren Zentrum Wakan Tanka steht, was manchmal mit »Großes Geheimnis« oder »Großer Geist« übersetzt wird und womit die allgemeine Weltseele bezeichnet wird, die in allen Dingen wohnt. Der Sage nach lag Wakan Tanka in einer Zeit, in der noch nichts existierte, in einem undurchdringlichen, leeren Dunkel namens Han. Als erstes entstand der Fels Inyan, der seine Kraft in Form des blauen Blutes der Ozeane vergoss und so die Erdgöttin Maka aus sich selbst hervorbrachte.

Bei Makas Erschaffung hatte Inyan ihr (neben anderen Eigenschaften) einen streitsüchtigen und missmutigen Charakter verliehen. Daher äußerte sie sofort ihren Unmut und klagte vor allem darüber, dass sie, weil sie von Inyan erschaffen worden war, kein selbstständiges Wesen sei. Auch empörte sie sich darüber, dass sie in der Dunkelheit von Han verharren musste und daher kein Spiegelbild ihrer selbst sehen konnte. Der dritte Gott am Anfang der Zeiten war Skan, der Gott des Himmels. Weil er, anders als die von ihrer Körperlichkeit geprägten Inyan und Maka, eher ein Geistwesen war, kam ihm eine weitaus göttlichere Funktion zu. Er war der Richter über alle Dinge, und als solcher hörte er Makas Klagen an. Um sie zu besänftigen, entschied er, dass Han in zwei Reiche geteilt werden sollte und dass Maka sowohl in der oberen Welt in Gestalt von Anp im Licht leben sollte als auch in Gestalt von Han in der Dunkelheit unter der Erde.

In der oberen Welt entdeckte Maka die Schönheit der blauen Meere und erkannte dabei, wie schlicht ihre eigene Erscheinung war. Also bemächtigte sie sich einiger Flüsse und Seen und trug sie wie Schmuckstücke, um sich etwas hübscher zu fühlen. Doch war sie damit nicht zufrieden und hörte nicht auf zu klagen, was Skan dazu veranlasste, Wi zu erschaffen, den vierten Hauptgott, dem er einen Platz im Himmel anwies, damit er sein Licht über der Welt leuchten ließ. Weiterhin bestimmte Skan, dass Wi Wärme verbreiten und allen Dingen einen Schatten verleihen sollte – der im Glauben der Indianer die Seele eines jeden Wesens verkörpert, die untrennbar mit ihrem Träger verbunden ist –, und befahl Anp und Han, sich als Nacht und Tag den Himmel zu teilen.

Die Bedeutung des Kreises

Für viele nordamerikanische Indianer ist der Kreis die heiligste aller Formen, weil er, im wörtlichen wie im übertragenen Sinn, in allen Dingen gegenwärtig ist und auch in zahlreichen Ritualen eine Rolle spielt. Angefangen bei der Himmelskuppel und der Form der Erde – Kreise lassen sich überall erkennen.

Daher kommt der Kreisform in der indianischen Kultur eine besondere Bedeutung zu. So finden sich etwa überall in den USA große kreisförmige Anordnungen von Steinen, die einst den Schauplatz für Zeremonien bildeten. Diese »Heilkreise« bestehen aus einem zentralen Felsblock und vier schmalen Steinreihen, die sich in die vier Himmelsrichtungen erstrecken. Jeder dieser Reihen ist eine Farbe, ein Element, ein Tier und ein Lebensalter zugeordnet. (Auch die Azteken ordneten jeder Himmelsrichtung eine Farbe zu, und ihre Gottheiten bestanden aus verschiedenfarbigen Elementen, die wiederum jeweils einer Himmelsrichtung entsprachen.)

Sonnentanz und Geistertanz

Das Ritual des Sonnentanzes wurde jedes Jahr im Sommer begangen. Es war von großer spiritueller Bedeutung und sollte für eine erfolgreiche Bisonjagd sowie für eine Erneuerung der Tierpopulationen in der Zukunft sorgen. Während der Zeremonie saßen die Männer des Stammes in einem eigens dafür errichteten Bauwerk, das nach oben offen war und in dessen Mitte ein Baum stand, auf dem ein Bisonschädel prangte.

Die jungen Männer trugen gelbe Körperbemalung und schmückten sich mit prächtigen Federn. Sie fasteten mehrere Tage lang, geißelten sich und unterwarfen sich etlichen Ritualen, um einen Zustand der Trance zu erreichen, der ihnen spirituelle Erlebnisse ermöglichen sollte. Auf dem Höhepunkt der Zeremonie zogen sie Schnüre, die an der Spitze eines Pfahls befestigt waren, durch ihre Brustwarzen und vollführten so einen Tanz.

Solche Bräuche waren den weißen Amerikanern mit ihrer christlichen Weltanschauung ein Dorn im Auge, und sie schreckten nicht vor gewaltsamen Taten zurück, um sie zu unterbinden. Der Sonnentanz starb jedoch niemals ganz aus und kehrte schon bald in der Form des Geistertanzes wieder. Dieser Tanz, der sich ab 1889 auf Betreiben des indianischen Propheten Wovoka verbreitete, brachte die Ausführenden angeblich in Kontakt mit den Geistern der Verstorbenen. In einer Zeit, in der sich der Konflikt zwischen dem alten und dem neuen Amerika immer mehr zuspitzte, sollte er das Land einen und wieder ins Gleichgewicht bringen und so den Kontinent in den Zustand zurückversetzen, in dem er vor der Eroberung durch die Weißen gewesen war.

Als der Tanz immer mehr Anhänger fand, trat jedoch der gegenteilige Effekt ein: Indianerhäuptlinge, die ihren Stamm nicht davon abhielten, den Geistertanz auszuführen, wurden vom Militär gefangen genommen oder sogar ermordet. 1890 endete ein Angriff auf ein Indianerlager bei Wounded Knee in South Dakota mit einem Massaker, bei dem über 150 Indianer getötet wurden – darunter zahlreiche Frauen und Kinder –, die ohne jede Zeremonie in einem Massengrab beigesetzt wurden.

Indianische Wörter in der modernen Kultur

Etwa die Hälfte der Staaten der USA tragen Namen, die auf indianische Ausdrücke oder auf Stammesnamen der jeweiligen Region zurückgehen. Auch das heutige Alltagsenglisch kennt etliche Wörter, die aus den Sprachen stammen, die in der Zeit vor Kolumbus' Eintreffen in Nord- und Südamerika gesprochen wurden, wie etwa *barbecue* (Grillfest), *hurricane* (Wirbelsturm), *tomato* (Tomate), *potato* (Kartoffel), *cocaine* (Kokain), *moose* (Elch), *racoon* (Waschbär) oder *toboggan* (Schlitten), um nur einige zu nennen. Neben diesen Lehnwörtern hat die moderne anglophone Kultur (in ihrer kommerziellen Ausprägung) zudem weitere indianische Ausdrücke übernommen, die die heldenhafte und geheimnisvolle Mythologie der amerikanischen Ureinwohner heraufbeschwören sollen. Zweifellos entspringt die Verwendung dieser Begriffe zu kommerziellen Zwecken in den meisten Fällen nur dem engstirnigen Bemühen, Bilder von mannhaften und kriegerischen Naturburschen hervorzurufen, die niemals einen umfassenden Eindruck der mehreren hundert Stämme geben können, die einst den Kontinent bevölkerten. Offenbar haben wir eine eigene Vorstellung davon entwickelt, was und wie ein Indianer zu sein hat, und pflegen diese Klischees gerne weiter.

	Was wir darunter verstehen	Was es in Wirklichkeit ist
Apache	Ein Geländewagen, in dem man mit Freunden einen Offroad-Trip unternehmen kann.	Ein Verbund mehrerer Stämme aus dem Südwesten der Vereinigten Staaten.

	Was wir darunter verstehen	Was es in Wirklichkeit ist
Cherokee	Ebenfalls ein Geländewagenmodell. Heutzutage eher auf dem Parkplatz eines Supermarktes anzutreffen als auf einer halsbrecherischen Schlammpiste.	Ein Verbund mehrerer Stämme aus dem Südwesten der Vereinigten Staaten.
Chinook	Ein Militärhubschrauber mit Doppelrotor.	Ein Stammesverbund von der Pazifikküste im Nordwesten der USA.
Mohawk	Eine Frisur, die in den 1980er-Jahren durch die britischen Punks bekannt wurde, oft mit greller Färbung (auch Irokesenschnitt genannt).	Ein Indianerstamm aus der Gegend des heutigen Bundesstaates New York. Die Mohawk trugen zwar ausgefallene Frisuren, doch der moderne Stil, der nach ihnen benannt ist, ähnelt eher dem der Pawnee, einem Stamm aus Nebraska.
Pocahontas	Eine Prinzessin aus einem Disney-Film. Sie verliebt sich in den Engländer John Smith und rettet ihn vor der Ermordung durch die Indianer.	In Wahrheit fängt die Geschichte damit erst an. Nach dem Vorfall mit Smith heiratete Pocahontas 1614 einen anderen Engländer. Diese Verbindung gilt als die erste amerikanische Mischehe. Pocahontas konvertierte zum Christentum und ließ sich, nun schon so etwas wie eine Berühmtheit, in London nieder, wo sie mit erst 22 Jahren an einer furchtbaren Krankheit starb.

	Was wir darunter verstehen	Was es in Wirklichkeit ist
Tomahawk	Eine Langstreckenrakete mit Sprengkopf.	Eine traditionelle Axt, deren Klinge aus geschliffenem Feuerstein oder Tiergeweih gefertigt ist. Erfinderische Köpfe kamen auf die Idee, den Schaft auszuhöhlen, sodass die Axt auch als Pfeife genutzt werden konnte.
Quahog	Eine fiktive Stadt im US-Bundesstaat Rhode Island, die durch die amerikanische Zeichentrickserie *Family Guy* bekannt wurde.	Eine Muschelart, die an der Atlantikküste Nordamerikas lebt. Der Name der runden, hartschaligen Tiere stammt aus der Sprache der Narraganset und ist die Kurzform von *poquauhock* (aus *pohkeni* = dunkel und *hogki* = Muschel).
Winnebago	Ein riesiges Wohnmobil für Reisen quer durch den Kontinent oder tourende Rockbands.	Ein Indianerstamm, der heute in Nebraska ansässig ist.

DIE MYTHEN DER PRÄRIE

Die Prärie erstreckt sich über den mittleren Westen und Teile des Südens der USA. Die mythischen Erzählungen, die in dieser Region entstanden, waren wichtige Lehrstücke in der Kultur der nordamerikanischen Indianer.

Die Weiße Büffelfrau

Der Mythos von der Weißen Büffelfrau, die auch unter dem Namen Pteskawin bekannt ist, ist unter etlichen Stämmen der Prärie verbreitet. Der Sage nach hat sie die Menschen bestimmte Bräuche gelehrt. Solche Figuren finden sich in zahlreichen Kulturen auf der ganzen Welt; durch sie wird den Ritualen, die in spiritueller Absicht gepflegt werden, eine besondere Bedeutung zugesprochen.

In einer Zeit, in der Nahrung knapp war, brachen eines Morgens zwei junge Jäger zu einem Beutezug auf. Sie zogen weit umher, stießen jedoch nirgendwo auf Tiere, die sie hätten erlegen können, um ihrem Stamm

Nahrung zu verschaffen. Nach langer Suche erreichten sie den Gipfel eines Hügels und ließen den Blick über die Prärie schweifen. Da entdeckten sie am Horizont eine weiße Erscheinung, die auf sie zukam. Es war Pteskawin, eine wunderschöne junge Frau, die in ein leuchtend weißes Fell gekleidet war. Von dieser unerwarteten Erscheinung unwiderstehlich angezogen, näherte sich ihr einer der jungen Jäger mit amourösen Absichten. Sein Gefährte erkannte, dass die Frau *wakan* (heilig) war, und beschwor seinen einfältigen Freund, ihr spirituelles Wesen zu achten. Doch die Warnung kam zu spät: Als die beiden einander umarmten, wurden sie von einer Wolke umhüllt, und als diese sich wieder auflöste, lagen zu Pteskawins Füßen nur noch Knochen.

Der andere Jäger war sprachlos angesichts dieses Schauspiels. Pteskawin hieß ihn zurück zu seinem Stamm gehen und dem Häuptling auftragen, er solle sein ganzes Volk in einem Tipi versammeln. Sie selbst werde in Kürze dort eintreffen. Unterwürfig gehorchte der Jäger und lief sofort zurück. Ein großes Tipi, in dem der ganze Stamm Platz fand, wurde errichtet, und alle warteten dort ehrfürchtig auf Pteskawins effektvollen Auftritt.

Als Pteskawin das Tipi betreten hatte, schritt sie, dem Lauf der Sonne folgend, einen Kreis ab und blieb schließlich auf der Westseite vor dem Häuptling stehen. Sie reichte ihm die heilige *chanunpa*, eine Pfeife, in deren Holm Zeichen geschnitzt waren, die die Erde, einen Büffel, den Wald und die Vögel symbolisierten. Die Pfeife wurde für diese Stämme ein bedeutender ritueller Gegenstand, und wer aus ihr rauchte, gelangte dadurch näher an die spirituelle Welt.

Nachdem Pteskawin das Tipi verlassen hatte, verwandelte sie sich in einen Büffel, verneigte sich in jede der vier Himmelsrichtungen und verschwand hinter dem Horizont. Zahlreiche Elemente dieses Mythos sind noch heute wichtige Bestandteile der indianischen Kultur, vor allem für den Stamm der Lakota, von dem die Geschichte stammt: die verschiedenen Bedeutungen und Verwendungsarten der Pfeife, das Gemeindehaus, die Orientierung am Lauf der Sonne und die historische Bedeutung des Büffels als Quelle für Nahrung und Materialien.

Der Wily Coyote

Vorbild für den gleichnamigen Kojoten aus der Zeichentrickserie *Looney Tunes* ist eine Figur aus einem alten Mythos des Stammes der Lakota. In der ursprünglichen Fassung war er ein Gauner, der mit seinem Freund Iktome, dem Spinnengeist, über die Prärie wanderte. Dabei gelangten sie zu einem großen Felsblock. Der Kojote bemerkte, dass dem Fels Leben und eine große Seele innewohnten, und erkannte in ihm den Geist Iya.

Der Kojote legte die Decke ab, die er über den Schultern trug, und breitete sie über dem Fels aus, um ihn warmzuhalten. Dann setzten die beiden Freunde ihren Weg fort. Als es eine Weile später kalt wurde und zu regnen anfing, suchten die Abenteurer Schutz in einer feuchten Höhle. Iktome konnte sich mit seinem dicken Fell warmhalten, während der Kojote bereute, so freigebig gewesen zu sein. Doch plötzlich änderte er seine moralische Haltung und befand, ein alter Felsblock brauche keine Decke, und forderte Iktome auf, zu dem Felsen zu gehen und die Decke zu holen. Als der Spinnengeist erfolglos zurückkehrte, blieb dem Kojoten nichts anderes übrig, als selbst loszuziehen und dem Felsen die Decke herabzureißen.

Nun waren beide Gefährten wieder zufrieden und gingen weiter ihres Wegs. Bei der nächsten Rast – wiederum in einer Höhle – hörten sie ein weit entferntes Grollen. Es wurde von Minute zu Minute lauter, dröhnte über die Weiten der Prärie und hallte durch die Höhle, die sich hinter ihnen erstreckte. Da sahen sie mit einem Mal, wie der große Felsen Iya auf sie zugerollt kam und dabei alles, was in seinem Weg lag, niederwalzte. Er hatte es ohne Zweifel auf den Kojoten abgesehen.

Das Entsetzen fuhr Iktome und dem Kojoten in die Glieder und sie ergriffen die Flucht. Mithilfe zahlreicher Listen versuchten sie, Iya abzuschütteln, indem sie etwa einen Fluss durchschwammen oder sich im Zickzack durch einen Wald schlugen, doch vergebens – der Felsblock blieb ihnen mit rasender Geschwindigkeit auf den Fersen. Iktome konnte ihn schließlich überlisten, indem er sich zu einem Knäuel zusammenrollte und in einem schmalen Erdloch verschwand. Der arme Kojote dagegen wurde von dem Felsen überrollt.

Auch diese Sage lehrt, dass bestraft wird, wer Heiliges nicht in Ehren hält, und sie veranschaulicht, dass die Indianer in allen Geschöpfen und Dingen eine Seele erkannten. Sie hatten weder Tempel noch Kultstätten, sondern sahen vielmehr in allen Erscheinungen der sichtbaren Welt eine spirituelle Seite. Darüber hinaus war Iya auch der Gott der Stürme; die Sage erklärt also auch die destruktive Kraft des Wirbelsturms, der den Kojoten für seine Sünde (um einen christlichen Begriff zu verwenden) bestraft. Und schließlich illustriert die Geschichte die ethischen Normen des Stammes, der sie überliefert: Sie legt dem Zuhörer nahe, aufrichtige Freigebigkeit zu üben, und sie thematisiert die gerechte und bedingungslose Gutherzigkeit, mit der die Lakota einander behandeln sollen.

SECHSTES KAPITEL

DIE MYTHOLOGIEN MITTEL- UND SÜDAMERIKAS

DIE MAYA

Die Zivilisation der Maya entstand um das Jahr 2000 v. Chr. Sie lebten in Mittelamerika in einem Gebiet, das die heutigen Länder Guatemala und Belize sowie Teile von Südmexiko, Westhonduras und des nördlichen El Salvador umfasst. Um 250 n. Chr. erlebte die Maya-Kultur ihre Blütezeit und um 900 n. Chr. begann ihr Niedergang, doch ihre Sprachen, Mythologien und ihr gesamtes kulturelles Erbe sind in der Region nach wie vor lebendig.

Ähnlich wie in der Glanzzeit der griechischen Antike (siehe siebtes Kapitel) war auch die Gesellschaft der Maya ein Zusammenschluss selbstständiger Stadtstaaten, die jeweils von einem mächtigen König regiert wurden. Sie errichteten beeindruckende Tempel und Paläste und schufen die einzige heute bekannte voll entwickelte Schrift im präkolumbianischen Amerika.

Die Kultur der Maya war reich an Kunstwerken, Zeremonien und Traditionen, und auch Menschenopfer waren üblich. Darüber hinaus besaßen sie weit entwickelte Kenntnisse in Astronomie, Mathematik und Ackerbau.

Das Ende der Welt (oder auch nicht)

Als die Prophezeiung, dass laut dem Maya-Kalender am 21. Dezember 2012 die Welt untergehen würde, die Runde machte und in Nachrichtensendungen auf der ganzen Welt mit leicht nervösem Augenzwinkern wiederholt wurde, sorgte dies bei vielen Menschen für Unruhe. Unter Esoterikern galt das Bergdorf Bugarach in Südfrankreich als der einzige Ort, an dem man während des Weltuntergangs sicher wäre, und tatsächlich reisten etliche Menschen ohne Rückfahrkarte dorthin und warteten, von den Einheimischen kritisch beäugt, auf die Katastrophe.

Die Maya teilten die Zeit anhand von drei verschiedenen Kalendern ein. Das *Haab* diente zivilen Zwecken und umfasste 365 Tage, wobei jedes Jahr 19 Monate hatte, die aus jeweils 20 Tagen bestanden, mit Ausnahme eines Monats, der nur fünf Tage dauerte. Das *Tzolkin* diente rituellen Zwecken und legte die Tage für die religiösen Zeremonien fest. Hier umfasste ein Jahr 260 Tage und war in 20 Abschnitte zu 13 Tagen unterteilt. Der dritte Kalender war die *Lange Zählung*, ein astronomischer Kalender, dessen Zyklus etwa 7885 Jahre umfasste. Am Ende eines jeden solchen Zyklus, so glaubten die Maya, gehe die Welt unter und entstehe anschließend aufs Neue.

Eifrige Verschwörungstheoretiker errechneten in jahrelanger Arbeit, dass das Ende der letzten Langen Zählung auf den 21. Dezember 2012 fallen würde. Obwohl die Maya für diesen Tag keinerlei schreckliche Ereignisse vorhersagten – für sie war es einfach nur das Ende eines abgelaufenen Kalenderzyklus und der Beginn eines neuen, so wie für uns der 1. Januar –, machte sich die Sorge breit, das Ende der Welt sei nahe.

Dass ausgerechnet Bugarach mit dem Weltuntergang in Verbindung gebracht wurde, war reichlich absurd. Anfangs geisterte der Name des Dorfes durch das Internet, verbunden mit der abwegigen Behauptung, dies sei während der drohenden Apokalypse der einzig sichere Ort, doch schon bald nahm das Ganze weit größere Ausmaße an. Nachdem der Bürgermeister des Dorfes einige Jahre vor dem unheilvollen Datum in einer Sitzung des Gemeinderates diese besondere Eigenschaft Bugarachs erwähnt hatte, griffen regionale Medien die Aussage auf, und sobald sie durch die internationalen Nachrichtennetzwerke tickerte, war der Name des kleinen Bergdorfes unzertrennlich mit dem Weltuntergang verbunden.

Diese Begebenheit zeigt sehr anschaulich, welche Kraft Mythen und das Weitererzählen von Geschichten entwickeln können. Selbst die Menschen, die sich über das Ende der Welt lustig machten, wirkten gleichwohl beunruhigt, und diejenigen, die nach Frankreich flohen (ohne vorher jemals von der Theologie der Maya gehört zu haben), lieferten damit nur den Beweis, wie weit wir noch immer von einem Gesamtverständnis der Welt, in der wir leben, entfernt sind, und wie bereitwillig wir uns an jede raffinierte Geschichte klammern, die uns Erklärungen bietet.

Der Kalender der Maya

Der Weltenbaum

Die Vorstellung eines Weltenbaums spielt in vielen Mythologien eine zentrale Rolle (etwa auch in der altnordischen Mythologie, siehe Seite 201). Nach Ansicht der Maya bildet der Weltenbaum (Wacah Chan) das Gerüst des Universums. Sie entwickelten diesen Gedanken aufgrund ihrer Beobachtungen der Milchstraße, die für sie vom Horizont hinauf in die Weiten des Himmels zu wachsen schien. Die Wurzeln des Weltenbaums reichten tief hinab in die Unterwelt (Xibalbá), sein Stamm hatte seinen Platz in der mittleren Welt, der Welt der Sterblichen, und seine himmlischen Äste breiteten sich weit über das Firmament aus. In manchen Darstellungen besteht sein Stamm aus reptilienartigen Wesen.

Der Name Wacah Chan bedeutet »aufgerichtete Schlange« und beschreibt das helle, gerade verlaufende Band der Milchstraße, wie es von der Erde aus gesehen zu manchen Zeiten des Jahres aus dem Horizont aufsteigt. Der Baum reichte in alle vier Himmelsrichtungen der Welt der Sterblichen und war für die Maya ein beruhigendes Sinnbild: Seine Standhaftigkeit und seine Robustheit veranschaulichten den starken Kern, der sowohl allen Menschen als auch jedem bedeu-

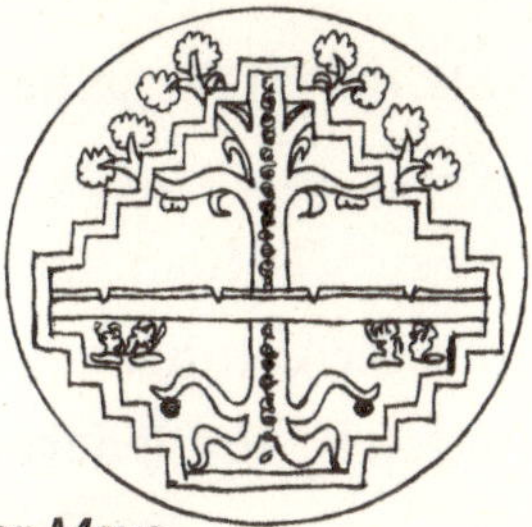

Der Weltenbaum der Maya

tungsvollen Ritual innewohnte, und indem er sich in alle Richtungen erstreckte, verband er alle Menschen und alle Götter miteinander.

Itzamná

Itzamná war der Schöpfergott der Maya und galt als der Erfinder der Schrift und des Kalenders. Er besaß ein großmütiges Wesen und war verheiratet mit der weitaus niederträchtigeren Göttin Ixchel. Diese hielt sich in ihrem Palast einen Vorrat an Bottichen, die mit Wasser gefüllt waren und die sie über der Welt ausschüttete, wodurch sie Stürme und Überflutungen verursachte. Itzamná war der oberste der Götter und herrschte von seinem Thron aus über die anderen. Er war der Schutzpatron der Medizin, und außerdem verdankte ihm das Volk der Maya seine Kultur, seine Rituale und sein Wissen. Manchmal wird er in Gestalt von vier Göttern dargestellt (den Itzamnás), die jeweils einer der vier Himmelsrichtungen zugeordnet sind.

Itzamná galt (je nach Überlieferung) entweder als Sohn oder als Inkarnation von Hanab Ku, dem Urgeist, aus dem alles andere entstanden ist. Eine Sage erzählt, wie Hanab Ku bei der Erschaffung der Menschen auf der Welt drei Versuche unternahm, bevor er zufrieden war. Sein erstes Werk, die kleinen Menschen, vernichtete er mithilfe einer wasserspeienden Schlange, nachdem er festgestellt hatte, dass sie nicht seinen Wünschen entsprachen. Im zweiten Versuch schuf er ein Volk namens Dzolob, das ihm ebenso wenig gefiel und das er daher gleichfalls vernichtete, diesmal durch eine Flut. Schließlich schuf er die Maya und war nun endlich zufrieden.

Als Personifikation von Hanab Ku wird Itzamná als älterer Mann mit großer Hakennase dargestellt. Er war ein wohlwollender Herrscher, der den Maya seinen Schutz gewährte. Diese hielten am Übergang von einem Kalenderjahr zum nächsten oft Zeremonien zu seinen Ehren ab, damit er ihnen Gesundheit und Wohlergehen bringe.

Chaac

Als Gott des Regens war Chaac eine der wichtigsten Figuren bei den religiösen Zeremonien und den Menschenopfern der Maya. Ausgestattet mit scharfen Fangzähnen, weit aufgerissenen Augen, aus denen Regentränen flossen, einer rüsselähnlichen Nase, einem reptilienartigen Körper und einer Schlangenaxt, die die Blitze, eines seiner Hauptattribute, symbolisierte, bot er eine unverwechselbare Erscheinung. Wie die anderen bedeutenden Götter der Maya-Kultur hatte auch Chaac vier verschiedene Erscheinungsformen, die jeweils einer der vier Himmelsrichtungen entsprachen. Diese hießen Chaacs, wie auch die vier Priester, die bei Menschenopfern die vier Gliedmaßen des Opfers festhielten.

Am Anfang der Zeiten hieb Chaac mit seiner Axt eine Scharte in einen heiligen Felsen, aus der sodann die erste Getreideähre wuchs. Daraufhin lehrte er die Maya den Ackerbau und herrschte über das Wasser, sowohl im Himmel als auch auf der Erde, weshalb er hohes Ansehen genoss. Ihm sind die Frösche zugeordnet, da sie bevorstehenden Regen ankündigen, und bei manchen religiösen Zeremonien zu seinen

Ehren kommt es vier ausgewählten jungen Männern zu, Frösche darzustellen.

Die Heldenbrüder

Hunahpú und Ixbalanqué waren ein aufgewecktes Zwillingspaar und vor allem bei Ballspielen sehr geschickt. Wenn sie eine Partie gewonnen hatten, jubelten sie so laut, dass selbst die Herrscher des Totenreichs in der Unterwelt (Xibalbá) von ihren Fähigkeiten erfuhren. Weil jene den Vater und den Onkel der Zwillinge, die, nur eine Generation zuvor, gleichfalls ein prahlerisches Duo von Ballspielern gewesen waren, kurzerhand aus dem Weg geräumt hatten, waren sie nun irritiert von dem Geschehen. Also zitierten sie die beiden Jungen zu sich in die Unterwelt.

Dort mussten sich die Zwillinge ähnlichen Prüfungen stellen, wie sie auch ihr Onkel und ihr Vater hatten bestehen müssen. Der ersten Finte der Herrscher des Totenreichs konnten sie sich erfolgreich entziehen. Die Herrscher hatten die Gestalt von Holzschnitzereien angenommen und wollten die Brüder zwingen, sich auf eine brennende Bank zu setzen, aber diese bemerkten, dass die Bank glühend heiß war, und weigerten sich. Weitere Aufgaben folgten. Hunahpú und Ixbalanqué bekamen jeder eine brennende Fackel und eine Zigarre, mit der Anweisung, beides bis zum folgenden Tag am Brennen zu halten. Sie überlisteten die Herrscher, indem sie Glühwürmchen an die Enden der Zigarren banden und die Flammen der Fackeln durch die hellroten Schwanzfedern eines Aras ersetzten, die den Anschein erweckten, die Fackeln würden weiterhin brennen.

Auch bei den folgenden Prüfungen gelang es Hunahpú und Ixbalanqué, die Herrscher zu überlisten. Bei der beeindruckendsten dieser Prüfungen überlebte Hunahpú seine Enthauptung während eines Ballspiels, indem er seinen Kopf durch einen Kürbis ersetzte. Die Zwillinge ahnten jedoch, dass das Glück sie bald verlassen würde. Also stellten sie sich der letzten, alles entscheidenden Aufgabe, betraten einen brennenden Ofen und schritten so in den Tod. Doch einige Zeit später konnten sie Rache üben.

Die Herrscher des Totenreichs zermahlten Hunahpús und Ixbalanqués Knochen und verstreuten sie in einem Fluss, aus dem die Zwillinge jedoch in verschiedenen Gestalten wieder ins Leben zurückkehrten. In ihrer letzten Inkarnation waren sie zwei fahrende Zauberer, die ihre Kunst so meisterhaft beherrschten, dass sie Menschenopfer darbringen und anschließend den Vorgang rückgängig machen und die Opfer wieder zum Leben erwecken konnten.

Als die Herrscher des Totenreichs erfuhren, über welche magischen Kräfte die beiden verfügten, luden sie sie ein, ihnen in der Unterwelt eine Darbietung ihrer Künste zu geben. Sie waren so beeindruckt von der Fähigkeit der Zwillinge, den Tod rückgängig zu machen, dass sie sie aufforderten, dieses Kunststück an einigen von ihnen auszuprobieren. Nach dem Opfer weigerten sich die beiden Jungen jedoch verständlicherweise, die Wiedererweckung durchzuführen. Damit waren die ruhmreichen Tage von Xibalbá gezählt, und Hunahpú und Ixbalanqué wurden in den Himmel erhoben, wo sie die Gestalt von Sonne und Mond annahmen.

DIE AZTEKEN

Die Azteken (oder Mexika, wie sie sich selbst nannten) waren zunächst ein nomadisches Volk, das seit dem 6. Jahrhundert in Zentralmexiko lebte und deren Sprache Nahuatl war. Etliche ereignisreiche Jahrhunderte später wurden sie sesshaft und gründeten 1325 die Stadt Tenochtitlan, einen Stadtstaat, der auf mehreren Inseln im Texcoco-See lag. 1428 schlossen sich die drei Nahua-Stadtstaaten Tenochtitlan, Texcoco und Tlacopan zum Aztekischen Dreibund zusammen, was die endgültige Einigung des aztekischen Volkes besiegelte. Tenochtitlan war fortan das Zentrum des aztekischen Reichs, bis es im 16. Jahrhundert von den spanischen Eroberern zerstört wurde. An seiner Stelle liegt heute das Zentrum von Mexiko-Stadt.

Der Sage nach stammen die Mexika, die vor ihrer Sesshaftwerdung ein nomadisches Volk waren, aus einem mythischen Ursprungsland namens Aztlán (daher auch *Azteca* = die aus Aztlán), doch dessen genaue Lage, ja überhaupt seine Existenz sind umstritten.

Der aztekische Schöpfungsmythos

Dem aztekischen Glauben nach waren mehrere Versuche nötig, bis es gelang, die Welt zu erschaffen. Bei jedem fehlgeschlagenen Versuch entstanden unterschiedliche Geschöpfe. Am Anfang stand Ometeotl, der erste Gott, der über alles herrschte. Er gebar vier Kinder, die Tezcatlipocas, die jeweils einer der vier Himmelsrichtungen zugeordnet waren.

Nach dem ersten Versuch war die Erde von Riesen bewohnt, die sich von Beeren ernährten. Der nördliche Sohn des Ometeotl war der Schwarze Tezcatlipoca, der unter anderem der Gott der Zwietracht, des Lichts und der Schönheit war. Er verwandelte sich in die Sonne und sah auf die Welt herab. Sein Rivale im Westen war Quetzalcoatl, Gott des Lichtes und des Windes. Er forderte seinen Bruder des Nordens zum Kampf heraus und verjagte ihn vom Himmel. Doch der Schwarze Tezcatlipoca übte Vergeltung: Er kehrte in Gestalt eines Jaguars zurück und zerstörte die Welt.

Quetzalcoatl, der nun über die Himmel herrschte, unternahm den zweiten Schöpfungsversuch. Die Menschen, die er schuf, aßen mit Vorliebe Pinienkerne. Als der Schwarze Tezcatlipoca wiederkehrte und in Form eines alles vernichtenden Sturmes noch größere Rache übte, verwandelten sich die wenigen Menschen, die überlebt hatten, in Affen.

Daraufhin nahm Tlaloc, der Gott des Regens, den Platz der Sonne ein und unternahm einen dritten Versuch, aber diesmal ließ Quetzalcoatl Regen niedergehen, der die Erde überflutete und wiederum alles zerstörte. Die wenigen verbleibenden Menschen verwandelten sich in Vögel und entkamen so den Fluten. Als Vierte übernahm Chalchiuhtlicue, die Göttin des Wassers, die Rolle der Sonne. Aber auch die Erde, die sie erschuf, wurde vernichtet, und zwar durch den Strom ihrer eigenen blutigen Tränen. Die wenigen Überlebenden verwandelten sich in Fische.

Schließlich, nach vier gescheiterten Versuchen der Erschaffung der Welt, kamen die Götter zusammen, um über eine Lösung zu beratschlagen.

Quetzalcoatl beschloss, in die Unterwelt hinabzusteigen, dort die zersplitterten Knochen aller Verstorbenen einzusammeln und sie mit seinem eigenen Blut zu vermischen, um so die Toten wieder zum Leben zu erwecken. Diesem fünften und letzten Schöpfungsversuch sind der aztekischen Mythologie zufolge alle Menschen entsprungen, wobei die Unterschiede in

Gestalt und Größe durch die unterschiedlichen Formen der Knochenfragmente bedingt sind.

Der Gedanke von Zerstörung und Wiedererschaffung findet sich auch in der Mythologie der Maya (siehe Seite 105), in der altnordischen Vorstellung von Ragnarök (siehe Seite 218) sowie in der biblischen Geschichte von Noah und der Arche.

Tlaloc

Vergleichbar dem Maya-Gott Chaac (siehe Seite 111) war Tlaloc in der aztekischen Mythologie der Gott des Regens, der Fruchtbarkeit und des Ackerbaus. Mit sei-

Der Schwarze Tezcatlipoca

nen hervortretenden Augen und abstehenden Fangzähnen war er ebenfalls eine bemerkenswerte Erscheinung. Weil er eine so wichtige Funktion innehatte - er herrschte über Regen und Wasser und damit über die Nahrungsversorgung –, wurden ihm im ganzen Tal von Mexiko Tempel errichtet. Auch wurden ihm zu Ehren bedeutende Rituale durchgeführt, unter anderem Zeremonien, bei denen Menschen und sogar Kinder geopfert wurden.

Herzklopfen

Opferzeremonien waren ein wesentlicher Bestandteil der aztekischen Kultur. Weil die Götter sich während der Erschaffung der Welt selbst geopfert hatten, fühlten sich die Azteken ihnen verpflichtet und brachten ihnen zum Zeichen der Unterwerfung ihr eigenes Blut dar. Manchmal wurde den geopferten Menschen auch das Herz entnommen und den Göttern dargebracht.

DIE INKA

Das riesige Reich der Inka erstreckte sich über rund 3800 Kilometer entlang der Westküste Südamerikas und über die Anden. Die ersten Zeugnisse der Inka-Kultur stammen aus der Zeit um 1200. Im 15. Jahrhundert hatten sie den Höhepunkt ihrer Macht erreicht und bewohnten ein Gebiet, das weite Teile der heutigen Länder Chile, Peru und Ecuador sowie Teile von Kolumbien, Bolivien und Argentinien umfasste. Ihr Reich war das größte zusammenhängende Herrschaftsgebiet, das je auf dem amerikanischen Kontinent existiert hat.

Im Zentrum der Inka-Religion stand die Sonne, die als Lebensspender für alle Dinge galt. Daher sahen die Inka sie auch als himmlischen Urahn ihres Volkes an, und ihre Bedeutung spiegelt sich in zahlreichen Mythen wider. Die Inka stützten sich auf ihre Mythologie, um ihren Herrschaftsanspruch über andere Stämme zu untermauern.

Die Ereignisse des Zeitalters der Entdeckungen, das im 16. Jahrhundert seinen Anfang nahm, verhinderten eine weitere Ausdehnung des Inkareiches. Die Eroberung Amerikas durch die Europäer bedeutete mehr oder weniger das Ende der indigenen Kulturen. Für die Inka kam der Wendepunkt um das Jahr 1526, als die ersten spanischen Entdecker in die Region vordrangen. Das Reich der Inka war zu dieser Zeit durch einen Bürgerkrieg und etliche Epidemien geschwächt, und keine 50 Jahre später wurde der letzte Inka-Herrscher von den Spaniern gefangen genommen und hingerichtet.

Eine altbekannte Schöpfungsgeschichte

Die Mythologie der Inka weist große Ähnlichkeiten mit den Mythologien anderer Völker der Region auf. Die Schöpfungsgeschichte der Inka erzählt, dass am Anfang Finsternis herrschte. In dieser Finsternis stieg der Schöpfergott Qun Tiksi Wiraqucha aus dem heutigen Titicacasee und gebar den Sonnengott Inti sowie den Mond und die Sterne.

Wiraqucha war jedoch unzufrieden mit den ersten Lebewesen auf der Erde – hier erinnert die Erzählung an die Schöpfungsmythen der Maya und der Azteken, aber auch an die biblische Geschichte von Noah – und schickte eine Flut, um sie zu vernichten. Manche Versionen berichten davon, dass diese Menschen in Affen verwandelt wurden, ein Element, das sich auch im Schöpfungsmythos der Azteken findet.

Daraufhin erschuf Wiraqucha ein neues Menschengeschlecht, indem er Kieselsteine über die Erde verstreute und ihnen eine Sprache, Kleidung, handwerkliche Fähigkeiten und Gesetze gab. Dann zog er als Bettler verkleidet durch die Lande, lehrte die Menschen zu leben und zeigte ihnen, wie sie sich Wissen aneignen und in gegenseitigem Einverständnis leben konnten. Laut manchen Versionen des Mythos ist Wiraqucha auch mit dem Ergebnis seines zweiten Schöpfungsversuchs nicht zufrieden und wird daher eines Tages auf die Erde zurückkehren und die Menschheit erlösen oder sie erneut mit einer Flut strafen.

Die Entstehung von Cuzco

Cuzco, die Hauptstadt des Inkareiches, lag im Zentrum des Herrschaftsgebiets auf rund 3400 Metern Höhe im heutigen Süden von Peru. Laut der Mythologie der Inka bestimmten die Götter sowohl die Lage der Stadt als auch ihre Herrscher. Durch diese historische Herleitung wuchs der Stadt eine außerordentliche Bedeutung zu. (Ähnlich wie bei der Gründung Roms durch Äneas, siehe Seite 123)

Der Schöpfungsmythos erzählt, dass der Sonnengott Inti den ersten Inka-Mann und Stammvater des ganzen Volkes, Manku Qhapaq, und die erste Inka-Frau, Mankus Schwester und Ehefrau, Mama Uqllu, erschuf. Inti gab Manku einen goldenen Stab, mit dessen Hilfe er und seine Schwester und Ehefrau den Ort für die Hauptstadt des Inkareiches finden sollten. Auf der Suche nach diesem heiligen Ort wanderten sie kreuz und quer durch die Anden, und als der Stab an einer Stelle plötzlich in den Boden sank, wussten sie, dass sie ihr Ziel erreicht hatten. Sie errichteten dort Inti zu Ehren einen Tempel und erzählten ihrem Volk von dem Sonnengott, von dem sie alle abstammten.

In Wahrheit existierte die Stadt jedoch schon vor den Inka. Bevor diese Cuzco im 13. Jahrhundert in Besitz nahmen, siedelte dort das Volk der Killke, das die Region seit etwa 900 bewohnte. Unter der Herrschaft der Inka wuchs die Stadt rasch an, aber erst die göttliche Schöpfungserzählung verlieh dem Ort historische Bedeutung und hob die Inka in den Rang eines namhaften, von den Göttern abstammenden Volkes.

Machu Picchu, die vergessene Stadt

Jede Beschreibung der Inka-Zivilisation wäre unvollständig ohne einen Blick auf die Ruinenstadt Machu Picchu, eines der Wahrzeichen Südamerikas und einer der faszinierendsten Orte vergangener Zeiten. Machu Picchu liegt nicht weit vom heutigen Cuzco entfernt, und der mystische Ruf, der diese Stätte mit ihren verfallenen Tempeln und Wohnhäusern umgibt, rührt daher, dass die Siedlung, die in rund 2400 Metern Höhe auf einem Bergrücken in den Anden liegt, erst 1911 infolge der Entdeckung durch Archäologen wieder ins Bewusstsein der Öffentlichkeit rückte.

Zwar ist sich die Wissenschaft nicht über den Zweck einig, dem Machu Picchu diente – manche Theorien halten es in erster Linie für ein Heiligtum und einen Rückzugsort für zwei der mächtigsten Inkaherrscher, andere vermuten, dass bis zu 1000 Menschen in der

Stadt lebten –, aber dennoch bietet es einen einmaligen Einblick in den Alltag der Inka. Die Anlage besteht aus mehreren Bezirken, in denen sich jeweils heilige Gebäude, Herrscherpaläste, Werkstätten oder Wohnhäuser befanden oder Ackerbau betrieben wurde. Noch heute ist erkennbar, dass die Inka eine hoch entwickelte Technik der Terrassierung des Geländes beherrschten, mittels derer sie die steilen Hänge nutzbar machten. Außerdem errichteten sie Aquädukte, um über Kilometer hinweg Wasser in die Stadt zu leiten und die Felder zu bewässern.

SIEBTES KAPITEL

DIE GRIECHISCHE MYTHOLOGIE

WER WAREN DIE GRIECHEN?

Die Kultur der griechischen Antike stand über einen langen Zeitraum in voller Blüte, und zu ihren Errungenschaften gehören unter anderem die Philosophie, die Literatur, das Theater, die Gesetzgebung, die Demokratie, die Architektur und der Satz des Pythagoras. Ausgrabungen in Knossos auf der Insel Kreta brachten eine weitläufige Palastanlage zum Vorschein, deren Ursprünge auf das Jahr 2200 v. Chr. zurückgehen und die als Residenz von König Minos gilt, dem Herrscher der Minoer. Auf die minoische Kultur folgte von 1600 bis 1200 v. Chr. die mykenische Ära. Die Ereignisse dieser Epoche lieferten den größten Teil der Stoffe für die homerischen Epen und die klassischen griechischen Tragödien. Infolge der Feldzüge Alexanders des Großen erreichte das griechische Herrschaftsgebiet im 4. Jahrhundert v. Chr. seine größte Ausdehnung und erstreckte sich über die heutige Türkei, Ägypten, Israel und Iran bis nach Indien.

Einen entscheidenden Schritt machte die griechische Zivilisation im 8. Jahrhundert v. Chr., als das altgriechische Alphabet entstand. Die Griechen nutzten diese neugewonnene Möglichkeit umgehend und hielten ihre Mythen schriftlich fest, von denen einige heute zu den berühmtesten Sagen der Welt gehören. Homer, der bekannteste griechische Dichter, lebte zwischen 800 und 700 v. Chr. in Kleinasien, und die beiden von ihm verfassten Epen, die *Ilias* und die *Odyssee*, gelten als die ersten Schriftzeugnisse des Abendlandes. Der Einfluss seiner Werke auf Bücher und Filme ist noch immer ungebrochen.

Die griechische Kultur bestimmte jahrhundertelang den gesamten Mittelmeerraum, bis im 2. und 1. Jahrhundert v. Chr. die Römer die Vorherrschaft übernahmen. Die Zivilisation, die die Römer bis in die hintersten Winkel ihres Reiches trugen, war so stark von ihrem griechischen Vorbild geprägt, dass das Erbe der griechischen Antike weit über die Grenzen Griechenlands hinaus Verbreitung fand. Die griechische Mythologie hat immensen Einfluss auf die neuzeitliche westliche Welt ausgeübt – wir alle haben schon einmal von den Zyklopen, von Zeus und Poseidon gehört, um nur drei Figuren des griechischen Sagenkreises zu nennen.

GÖTTER UND GÖTTINNEN

Die griechischen Götter waren rachsüchtig und führten ein zügelloses Dasein. Sie waren viele, zu viele, um sie hier alle aufzuführen, weshalb wir uns auf die olympischen Götter beschränken, eine Gruppe von zwölf Gottheiten, die nach dem Sturz der Titanen an die Macht kamen. Elf von ihnen wohnten auf dem Berg Olymp, während Hades, der zwölfte, in der Unterwelt lebte. Alle zwölf neigten zu Streitsucht, zankten sich häufig, verliebten sich ineinander und verließen einander wieder, und oftmals lebten sie ihre Gefühlswallungen aus, indem sie sich in das Leben von Menschen einmischten, um sich so aneinander zu rächen.

Die Autoren der griechischen Antike beschrieben Kriege, Liebeshändel und Naturereignisse oftmals als Folgen solcher himmlischen Zwistigkeiten und Gefühlsregungen, wodurch sie diese Geschehnisse in einen größeren Zusammenhang rücken konnten.

Zeus

Der Göttervater Zeus war der Herrscher des Himmels und Oberhaupt aller Götter. Diese herausragende Position ermöglichte es ihm, nach Lust und Laune mit allem und jedem zu schlafen. Er besaß die ungewöhnliche Fähigkeit, sich in jede beliebige Gestalt zu verwandeln, um sein Ziel zu erreichen. So verwandelte er sich etwa in einen Stier, um die Königstochter Europa zu verführen, die bald darauf Minos gebar, den späteren König von Kreta. Dank dieser amourösen Heldentaten nennen zahllose Gottheiten, Halbgötter und Fabelwesen Zeus ihren Vater. Alles in allem wird Zeus eine Nachkommenschaft von über 120 Göttern und Helden zugeschrieben.

Wie in vielen anderen Religionen war auch hier der Urvater der oberste Richter. Wem Zeus gewogen war, der hatte von ihm nichts zu befürchten; der Göttervater war ganz sicher niemand, mit dem man sich gern anlegte. Er wird oft mit seinem wichtigsten Attribut dargestellt, dem Blitz, den er auf jeden schleuderte, der seinen Zorn erregte – was man etwa zu spüren bekam, wenn man beim Kartenspiel betrog.

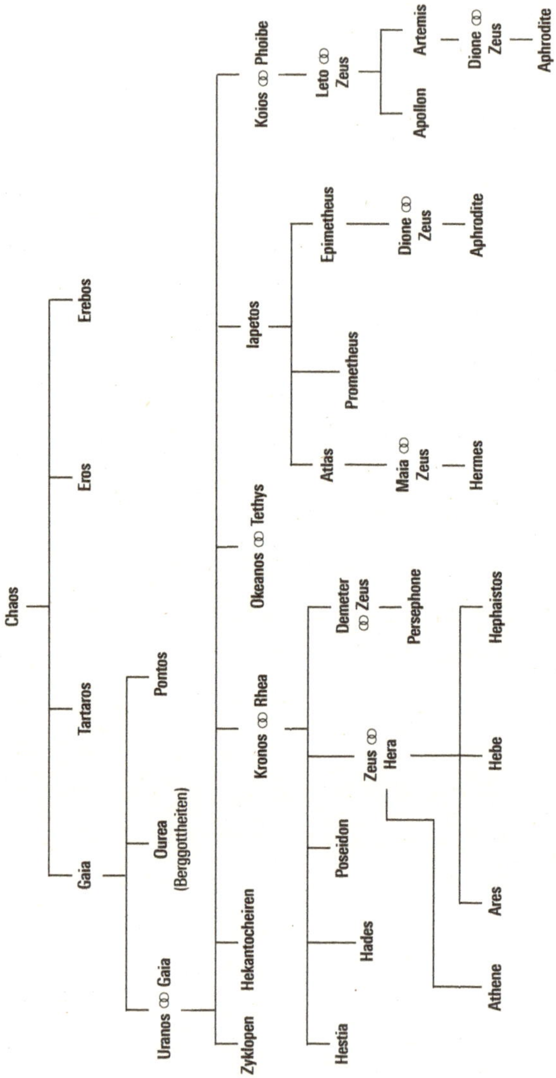

Der Stammbaum der griechischen Götter

Zeus' Eltern waren Kronos und Rhea, und er war verheiratet mit Hera, einer ausnehmend geduldigen Göttin (die zufällig auch seine Schwester war).

Apollon und Artemis

Apollon war einer von Zeus' zahlreichen Söhnen und Zwillingsbruder der Artemis. Er war unter anderem der Gott des Lichts, während seine Zwillingsschwester Artemis vom Mond verkörpert wurde. Beide wurden auf der heiligen Insel Delos geboren, die noch heute als heiliger Ort gilt: Niemand darf dort zur Welt kommen oder sterben. (Damit bildet die Insel den größtmöglichen Kontrast zur Partyinsel Mykonos, die nicht weit entfernt liegt und unter deren Verwaltung die Ausgrabungen auf Delos stehen.)

Apollon war unter anderem der Gott der Musik, der Wahrheit und der Heilung und außerdem ein geschickter Bogenschütze. Wegen seiner Nähe zu Zeus, seiner astrologischen Bedeutung und weil er der Gott der Wahrheit war, wurden ihm zahlreiche Tempel geweiht. Das berühmteste Apolloheiligtum befindet sich in Delphi. Dort hatte ein Orakel seinen Sitz, das Verbindung zu ihm aufnahm und in seinem Namen Antworten auf Fragen bezüglich der Zukunft gab.

Apollons Schwester Artemis war die Göttin der Jagd und der wilden Tiere, aber auch (kurioserweise) der Geburt und der Jungfräulichkeit. In Ephesos in der heutigen Türkei sind Statuen aus dem 1. und 2. Jahrhundert erhalten, die Artemis als gänzlich mit Objekten bedeckt zeigen. Diese stellen vermutlich Stierhoden dar – Symbole der Fruchtbarkeit.

Poseidon

Poseidon war oft missgelaunt. Er war der Gott der Meere, und wenn er mit seinem Dreizack aufstampfte, verursachte er dadurch starken Seegang, Flutwellen und reißende Strudel. Doch wem er gewogen war, dem half Poseidon, indem er die Meere beruhigte und günstigen Wind schickte.

Er war der Bruder von Zeus und Hades. Nachdem die drei ihren Vater Kronos gestürzt hatten, teilten sie die Welt unter sich auf, indem sie das Los entscheiden ließen. Zeus und Poseidon hatten Glück: Ihnen fiel die Herrschaft über die Erde und den Himmel beziehungsweise über die Meere zu. Hades zog den Kürzeren und musste sich mit der Unterwelt begnügen, die seitdem ihm zu Ehren ebenfalls den Namen Hades trägt.

Poseidon war der Vater des Zyklopen Polyphem, eines einäugigen Riesen, der durch Homers *Odyssee* berühmt wurde, der ersten schriftlich niedergelegten Erzählung des Abendlandes, die noch heute vielfach gelesen wird. Das homerische Epos erzählt davon, wie der Held Odysseus von dem einäugigen Riesen in einer Höhle gefangen genommen wurde, diesen jedoch überlistete, indem er ihm kräftig Wein einflößte. Als Polyphem, schon reichlich betrunken, Odysseus nach seinem Namen fragte, antwortete dieser »Niemand« und rammte ihm einen brennenden Pflock in sein einziges Auge. Weil die anderen Zyklopen keinen Menschen mit Namen »Niemand« ausfindig machen konnten, ließen sie den siegreichen Odysseus seiner Wege ziehen. Weil dieser glaubte, er wäre auf hoher See in Sicherheit, verriet er Polyphem versehentlich seinen wahren Namen. Der Zyklop berichtete sofort seinem Vater Poseidon, was geschehen war, worauf dieser Odysseus zu weiteren langjährigen Irrfahrten über das Meer verdammte.

Aphrodite

Aphrodite war die Göttin der Liebe, der Begierde und der Schönheit – man könnte also vermuten, dass sie ein friedliches Dasein führte. Da sie jedoch auch die Frau des Hephaistos, des Gottes des Feuers, und Geliebte des Kriegsgottes Ares war, ging es bei ihr durchaus turbulent zu.

Ihre Schönheit war der Auslöser für den Trojanischen Krieg, der zehn Jahre dauerte und Gegenstand so vieler griechischer Mythen ist: der Geschichten um das Trojanische Pferd, um Achilles, Odysseus, Äneas und die Gründung Roms, um nur einige zu nennen (mehr zu Letzterem im achten Kapitel).

Während eines Festmahls, zu dem der Göttervater Zeus geladen hatte, brachte Eris, die Göttin der Zwietracht, einen goldenen Apfel hervor. Dieser trug die Aufschrift *Der schönsten unter den Frauen*. Die Göttinnen Aphrodite, Athene und Hera beanspruchten jede den Apfel für sich. Daher wurde Paris, Sohn des Königs von Troja und damals der begehrteste Junggeselle der Stadt, ausersehen, das schwierige Urteil zu fällen. Doch die Sache sollte kein gutes Ende nehmen.

Alle drei Göttinnen entkleideten sich und versuchten, Paris mit verführerischen Gaben zu locken. Aphrodite gewann ihn schließlich für sich, indem sie ihm die Hand der Helena von Troja versprach, der schönsten Frau auf Erden. Also sprach Paris ihr den goldenen Apfel zu. Helena war jedoch mit Menelaos, dem König von Sparta, verheiratet. Dieser zürnte angesichts der Untreue seiner Frau so sehr, dass er (mit Hunderttausenden griechischer Soldaten im Gefolge) gegen Troja in den Krieg zog, um Helena zurückzugewinnnen.

Eros

Das Altgriechische kennt zwei Begriffe für die Liebe: *agape*, die tief empfundene, uneigennützige Liebe, und *eros*, das Verlangen und das körperliche Begehren. Von letzterem stammt unser Wort *erotisch*.

Eros, der Gott der begehrlichen Liebe, wird in der griechischen Kunst oft mit Flügeln sowie mit Pfeil und Bogen aus Silber gezeigt und gilt als Entfacher der sexuellen Begierde. Im Lauf der Zeit hat sich allerdings die Art und Weise, wie er in Kunst und Literatur dargestellt wird, geändert: In frühen griechischen Abbildungen sieht man ihn noch als kräftigen jungen Mann, anschließend wird er jedoch immer mehr zu einem spitzbübischen, verspielten Jungen, und in römischer Zeit sowie später wird er als Cupido gezeigt, ein pummeliges Baby, das herumschwirrt und auf Götter wie Sterbliche seine Pfeile abschießt, woraufhin diese füreinander entflammen. Noch heute sind diese Ikonografie des Eros und das von einem Pfeil durchbohrte Herz weit verbreitet.

Athene

Athene gehört zu den einnehmendsten und am meisten verehrten Göttinnen der griechischen Mythologie. Anders als die meisten ihrer Göttergenossen war sie nicht rachsüchtig oder ließ ihren Zorn an den Menschen aus. Sie verkörperte alle hehren Elemente der griechischen Kultur, von Weisheit und Aufrichtigkeit bis zu Tapferkeit und kriegerischem Mut. Sie entsprang, in voller Kriegsrüstung und bereit für ihre Aufgaben, dem Kopf des Göttervaters Zeus (nachdem dieser Metis verschlungen hatte, die schwangere Mutter Athenes).

Mit ihren zahlreichen edlen Eigenschaften war Athene die Göttin der Gerechtigkeit und der Rechtsprechung, der Weisheit und des Mutes, und in dieser

Eigenschaft sprang sie oft als eine Art Schutzengel den Hauptfiguren der griechischen und römischen Mythologie zur Seite (so rettete sie etwa Odysseus oder Äneas aus gefährlichen Situationen, indem sie ihnen, je nach Erfordernis, mehr Kraft verlieh, sie größer werden ließ, unsichtbar machte oder eine andere Gestalt gab).

Noch heute ist Griechenlands Hauptstadt nach ihr benannt, und über Athens Dächern thront der Parthenon (griechisch: *parthenos* = Jungfrau), der Haupttempel der Akropolis, der der jungfräulich reinen Athene geweiht ist. Einst buhlten Athene und Poseidon um die Gunst der Stadt. Poseidon eröffnete den Wettstreit, indem er seinen Dreizack in die Erde stieß und so eine Quelle schuf, die allerdings nur Salzwasser führte. Im Gegenzug pflanzte Athene den ersten Olivenbaum der Stadt. Zwölf Götter versammelten sich, um eine Entscheidung zu treffen, und sprachen Athene den Sieg zu, sehr zu Poseidons Ärger. Manche Versionen des Mythos berichten, er habe zur Vergeltung die Stadt mit Salzwasser überflutet.

Um Athene ranken sich zahllose Mythen, weshalb sie in der griechischen Kunst mit unterschiedlichen Attributen gezeigt wird: mit einem Schild, einem Olivenbaum oder einer Eule, dem Sinnbild der Weisheit.

Ares

Ares, der Sohn des Zeus und der Hera, verkörperte den Krieg und die rohe Kampfeslust. Er war nicht der einzige der griechischen Götter, die mit dem Krieg in Verbindung standen: Hephaistos etwa schmiedete Waffen und Rüstungen, und Athene führte die Griechen bei ihren Feldzügen an und gab ihnen Rechtfertigungen für ihre Kriege an die Hand. Doch Ares kam eine besondere Rolle zu.

In den Kriegserzählungen der griechischen Literatur wird der Zorn des Ares häufig erwähnt. Eine Sage berichtet, wie Kadmos, der Gründer der Stadt Theben, sich mit seinem Gefolge auf die Suche nach seiner Schwester Europa machte, die von Zeus entführt worden war. Versehen mit dem Rat, der ersten Kuh zu folgen, der sie auf ihrem Weg begegnen würden, zogen sie aus. Nach einer Weile gelangten sie zu einer Quelle, die von einem Drachen bewacht wurde (angeblich ein Nachkomme des Ares), dem alle Gefährten des Kadmos zum Opfer fielen. Zur Vergeltung tötete Kadmos den Drachen mit einem Felsblock.

Auf Athenes Geheiß pflanzte Kadmos die Hälfte der Zähne des Ungeheuers in den Boden. Aus dieser Saat wuchsen bewaffnete Männer (die *spartoi* = »Gesäte«), die ihm halfen, Theben zu gründen. Ares übte jedoch Rache für die Tötung des Drachens, indem er Kadmos zwang, ihm acht Jahre als Sklave zu dienen. Dieser nahm anschließend Harmonia, die Tochter des Ares und der Aphrodite, zur Frau. Am Ende ihres irdischen Lebens wurden die beiden in Schlangen verwandelt.

Hades

Als Herr der Unterwelt ist Hades, wenig überraschend, ein missmutiger Geselle. Auch die Unterwelt selbst, in die jeder Sterbliche nach dem Tod eingeht, trägt den Namen ihres Herrschers. Anders als das Christentum mit Himmel und Hölle kennt die griechische Mythologie nur einen Ort im Jenseits, der sich allerdings in mehrere Regionen aufteilt, von denen einige weitaus angenehmer sind als andere.

Nur wenigen Helden der griechischen Mythologie gelang es, aus dem Hades lebend in die Welt zurückzukehren. Das verwundert nicht, angesichts der beschwerlichen Reise, die zwischen den beiden Reichen zurückzulegen war. Am Anfang stand die Überquerung des schwarzen Flusses Acheron. Dort half der Fährmann Charon den Toten über das Wasser. Er verlangte für seine Leistung einen Obolus, weshalb die Griechen (wie auch die Römer) jedem Verstorbenen vor der Verbrennung eine Münze in den Mund steckten.

Am anderen Ufer des Acheron wurde das Fortkommen noch beschwerlicher. Der riesige und blutrünstige dreiköpfige Hund Zerberus (eine Gestalt, die seit der Antike immer wieder in der Literatur vorkommt und sogar im ersten *Harry Potter*-Roman einen kurzen Auftritt hat) bewachte den Eingang zum Erebos, der Region, durch die der Fluss Lethe floss, von dem die Toten tranken, um die Erinnerung an ihr irdisches Dasein zu verlieren. Schließlich, vor dem Palast des Hades, wurde über das Leben der Toten Gericht gehalten, und das Urteil legte fest, wo diese die Ewigkeit verbringen würden. Im Tartaros mussten sie entsetzliche Qualen erleiden, in den Elysischen Gefilden dagegen (von deren Bezeichnung sich der Name der Avenue des Champs-Élysées ableitet, einer Prachtstraße in Paris) erwartete sie ein freudenreiches Dasein in einer lieblichen Landschaft aus Wiesen und Blumen.

Hephaistos

Hephaistos ist der Gott des Feuers, der Vulkane, der Schmiedekunst und der Bildhauerei. In Darstellungen der griechischen Kunst erkennt man ihn an seinen Attributen Hammer und Zange, außerdem wird er oft auf einem Esel sitzend gezeigt. Einem Krieger konnte keine größere Ehre zuteilwerden, als eine eigenhändig von Hephaistos geschmiedete Rüstung zu erhalten – so wie Achilles vor der Schlacht um Troja, wie Homer in der *Ilias* berichtet. Auch für die olympischen Götter schuf Hephaistos Rüstungen.

Zwar beherrschte er sein anspruchsvolles Handwerk meisterhaft, doch war er von Kindheit an mit Lahmheit geschlagen. Auch dieser Mythos ist in mehreren Versionen überliefert, die allerdings übereinstimmend davon berichten, dass Hephaistos ein entstelltes Bein hatte und als Kind vom Olymp auf die Erde stürzte.

Manchen Quellen zufolge war sein Leiden eine Folge dieses Sturzes, laut anderen war er schon von Geburt an missgestaltet, weshalb seine Mutter Hera ihn angewidert auf die Erde schleuderte. Hephaistos stürzte ins Meer, wurde jedoch zu seinem Glück von den Meernymphen Eurynome und Thetis (der Mutter des

Achilles) gerettet, die ihn auf der Vulkaninsel Lemnos großzogen, wo er das Schmiedehandwerk erlernte und seine Fähigkeiten vervollkommnete.

In einer weiteren Version der Geschichte erleidet Hephaistos den Schaden an seinem Bein, als er als erwachsener Gott vom Gipfel des Olymps geschleudert wird. Nach dieser Sage war Zeus auf seine Frau Hera wütend, weil sie dem Herakles auf der Rückkehr von Troja einen Sturm geschickt hatte, und kettete sie zur Strafe an die Hänge des Olymps. Als Hephaistos seine Mutter befreien wollte, packte Zeus ihn am Bein und schleuderte ihn den Berg hinab. Hephaistos fiel einen ganzen Tag lang und stürzte erst bei Sonnenuntergang auf die Insel Lemnos.

Kronos

Zeus ist zwar der Vater der Götter, hat jedoch selbst auch Vorfahren: Er ist der Sohn von Kronos, der wiederum der Sohn von Gaia (der Erde) und Uranos (dem Himmel) ist. Kronos heiratete seine Schwester Rhea, und aus dieser Verbindung gingen die olympischen Götter hervor, zu denen neben Zeus auch Hera (die später Zeus' Frau wurde), Hades, Poseidon und andere gehörten.

Kronos raubte seinem Vater Uranos die Macht über die Himmel, indem er ihn mit einer gezackten Sichel entmannte. Nachdem ihm prophezeit worden war, ihm drohe durch seine Söhne dasselbe Ende, verschlang er vorsorglich alle Kinder, die Rhea gebar. Nur Zeus, der jüngste Sohn, entkam diesem Schicksal, weil Rhea ihn in einer Höhle auf Kreta zur Welt brachte und dort versteckt hielt. Um Kronos zu täuschen, überreichte sie ihm - mit der Behauptung, es handle sich dabei um ihren Sohn - einen in eine Decke gehüllten Stein, den Kronos auf der Stelle verschlang.

Als Zeus erwachsen war, befreite er seine ebenfalls herangewachsenen Geschwister aus dem Bauch des Kronos. Aus einem erbitterten, zehn Jahre währenden Kampf mit der Göttergeneration seines Vaters, den Titanen, ging Zeus schließlich als Sieger hervor. Kronos und die anderen Titanen wurden in den Tartaros in der Unterwelt verbannt. Damit war der Weg für die nächste Generation von Göttern frei: die olympischen Götter.

Gaia

Als Göttin der Erde und Mutter allen Lebens ist Gaia die große matriarchalische Figur der griechischen Mythologie. Aus ihren Verbindungen mit Uranos (dem Himmel), Pontos (dem Meer) und Tartaros (der Unterwelt) gingen alle anderen Götter hervor. Zahlreiche andere Religionen kennen, in verschiedenen Formen, die Gestalt der »Erdmutter«, und ihr Vorkommen in der griechischen Mythologie wird als Nachwirkung älterer Religionen angesehen.

Trotz ihrer Rolle als Urmutter stiftete Gaia durchaus Unruhe. So half sie etwa ihrem Sohn Kronos, Uranos zu stürzen und zu entmannen. Und als sie der Umtriebe des Kronos überdrüssig war, unterstützte sie ihren Enkel Zeus dabei, die Titanen niederzuringen und der oberste der Götter zu werden. Doch damit nicht genug. Aus Zorn darüber, dass Zeus Kronos in die Unterwelt verbannt hatte, rief Gaia die Giganten und das Ungeheuer Typhon zu Hilfe, um Zeus zu vernichten. Doch ihrem Enkel war sie nicht gewachsen.

Die Musen

In der griechischen Mythologie verkörpert die Titanengöttin Mnemosyne die Erinnerung. (Ihr Name leitet sich von dem altgriechischen *mneme* = Gedächtnis ab, das sich auch in deutschen Fremdwörtern wie etwa *Mnemotechnik* findet.) Darüber hinaus war sie die Mutter der Musen, jener neun Schwestern, die sie nach einer neun Nächte währenden Vereinigung mit Zeus gebar, und die die Schutzgöttinnen der Künste sind.

Muse	Gebiet	Attribut
Kalliope	Epische Dichtung	Schreibtafel
Klio	Geschichtsschreibung	Papierrolle
Erato	Liebesdichtung	Kithara (ein Instrument aus der Familie der Leiern)
Euterpe	Musik	Flöte
Melpomene	Tragödie	ernste Theatermaske
Polyhymnia	Hymnen	Schleier
Terpsichore	Tanz	Leier
Thalia	Komödie	komische Theatermaske
Urania	Astronomie	Himmelskugel und Zeigestab

Etliche bedeutende Werke der griechischen und der römischen Literatur beginnen mit einem Anruf des Dichters an die Musen, sie mögen ihn beim Erzählen seiner Geschichte inspirieren. Die Vorstellung, dass Schriftsteller und Künstler – aber auch andere schöpferisch Tätige oder Gelehrte wie etwa Astronomen – von den Musen inspiriert werden, kam jahrhundertelang in europäischer Kunst und Literatur zum Ausdruck, so etwa im Prolog zum 1. Akt von Shakespeares *Das Leben von König Heinrich V.*, der mit folgenden Worten beginnt:

»O dass der Feuergeist der Muse stiege
Zur hellsten Himmelshöh der Phantasie!«

Heutzutage sprechen Modedesigner gern von ihrer »Muse« und meinen damit ein Model oder eine Berühmtheit, deren Körperform, Persönlichkeit oder Stil sie bei der Entwicklung neuer Entwürfe inspiriert.

Adonis

Adonis, Gott der Pflanzen und der Wiedergeburt, war einer der zahlreichen griechischen Götter, die den immerwährenden Themenkreisen Liebe und Begierde angehörten. Er war ein wunderschöner Mann, der schon als Knabe die Aufmerksamkeit Aphrodites, der Göttin der Liebe, erregte. Sie nahm ihn unter ihre Fittiche und gab ihn in die Obhut Persephones, der Göttin des Frühlings und Herrscherin der Unterwelt (siehe unten), damit diese ihn in ihrer Abwesenheit beaufsichtige.

Doch Persephone verliebte sich gleichfalls in Adonis und weigerte sich, ihn Aphrodite zum vereinbarten Zeitpunkt zurückzugeben. Den Streit, der sich daran entzündete, schlichtete Zeus mit der Entscheidung, dass Adonis jeweils den dritten Teil seiner Zeit mit Aphrodite bzw. Persephone verbringen und über ein Drittel frei verfügen solle. Persephone hatte das Nachsehen, denn indem Adonis seine freie Zeit mit Aphrodite verbrachte, machte er deutlich, wem er stärker zugeneigt war. Diese Verbindung versetzte Ares, Aphrodites Gatten, in so großen Zorn, dass er sich in einen wilden Eber verwandelte und Adonis in rasender Eifersucht tötete. Dieser starb in Aphrodites Armen.

Persephone

Persephone, Tochter des Zeus und der Demeter, war die Göttin des Frühlings und von eher schwermütiger Natur. Ihre Geschichte liefert die Erklärung für den Lauf der Jahreszeiten. Obwohl Demeter alles daran setzte, ihre Tochter vor den Nachstellungen zahlreicher liebestoller Götter zu beschützen, konnte sie doch eines Tages nicht verhindern, dass Hades, der Gott der Unterwelt, Persephone raubte, während sie auf einer Wiese Blumen pflückte, und sie zu seiner Frau machte.

Voller Zorn über die Entehrung ihrer Tochter verlangte Demeter von Hades, Persephone zurückzubringen. Nach einer Weile stimmte Hades zu, doch weil Persephone inzwischen schon von den köstlichen Granatäpfeln ihres Mannes gegessen hatte, musste sie als seine Ehefrau und Herrscherin der Unterwelt zu ihm zurückkehren und dort jeweils ein halbes Jahr verbringen. Wenn sie die Erde verließ, machte sich dort der Winter breit, und der Frühling kehrte erst zurück, wenn sie ein halbes Jahr später wieder ans Tageslicht kam.

Dione

Zeus hat mit rund 60 Göttinnen und sterblichen Frauen Kinder gezeugt. Eine von ihnen war Dione. Ihr Name ist nichts anderes als die weibliche Form von »Zeus«; er entstammt derselben indoeuropäischen Wurzel **diu* (»hell«), aus der auch Wörter wie Theologie und Namen wie Diana und Jupiter entstanden sind. Dione ist die Mutter Aphrodites, einer der ältesten Göttinnen, weshalb ihr Platz in der griechischen Mythologie dem der Erdmutter Gaia vergleichbar ist.

Dione kommt in den antiken Texten nur selten vor, doch die wenigen Stellen, die von ihr erzählen, enthüllen eine Empfindsamkeit, wie sie bei den griechischen Göttern nur selten anzutreffen ist. Nachdem Aphrodite im Krieg um Troja verwundet worden war, als sie ihren Sohn Äneas beschützen wollte (mehr zu Äneas auf S. 179), kehrte sie zu ihrer Mutter auf den Olymp zurück, um sich von ihr pflegen zu lassen. Während Dione sich um Aphrodite kümmerte, erinnerte sie sie daran, dass auch die unsterblichen Götter ihre Schwächen haben. Zur Veranschaulichung erzählte sie ihr vom Kriegsgott Ares, der einmal von zwei brutalen Riesenbrüdern in einem Kessel gefangen gehalten worden war und erst durch das Eingreifen der Stiefmutter der Riesen, die sich zuvor der Unterstützung des Hermes versichert hatte, gerettet werden konnte. Weiterhin erzählte sie ihr davon, wie Herakles einmal die bedeutenden Götter Hera und Hades mit seinen Waffen verwundet hatte.

HELDEN UND HELDINNEN, SCHURKEN UND UNGEHEUER

Viele dieser Heroen der griechischen Mythologie werden Ihnen bekannt vorkommen.

Herakles (Herkules)

Herakles, besser bekannt unter seinem römisch-lateinischen Namen Herkules, genoss wegen seiner Größe und seiner Kraft sowie seines Scharfsinns und seiner kämpferischen Fähigkeiten großes Ansehen. Er wandelte sich vom mythischen Kriegshelden zum unsterblichen Gott und wurde in der Folge als solcher verehrt. Er war der Sohn der Alkmene, einer Sterblichen, und des Zeus (der sie in Gestalt ihres Ehegatten verführt hatte), weshalb Hera, Zeus' Frau, diesen sein Leben lang mit Hass und Eifersucht verfolgte.

Von Hera mit Wahnsinn geschlagen, brachte Herakles seine Frau und die gemeinsamen drei Kinder um. Zur Sühne für dieses schwere Vergehen stellte ihm Eurystheus, der Herrscher von Mykene und Tiryns, der ihn als König abgesetzt hatte, zwölf nahezu unmöglich zu erfüllende Aufgaben. Würde er sie alle bestehen, so würde seine Seele gereinigt und er selbst unsterblich werden.

Dieser Mythos verdankt seine Form dem Interesse der Griechen für Astrologie. Vermutlich entsprach jede der zwölf Arbeiten einem der Tierbilder, die am nächtlichen Sternenhimmel zu sehen waren und von denen wir manche heute noch kennen. (Mehr zu den Sternbildern unseres heutigen Tierkreises und ihren Ursprüngen in der antiken Mythologie auf S. 182–189.)

Die zwölf Arbeiten des Herakles

1. Erlegung des Nemeischen Löwen

In den Wäldern bei Nemea trieb ein furchterregendes Geschöpf sein Unwesen: ein Löwe, dessen Fell als undurchdringlich galt. Herakles' erste Aufgabe war es, diesen Löwen zu töten. Es gelang ihm, das Tier in die Enge zu treiben und zu erwürgen und ihm schließlich das Fell abzuziehen (weshalb er in der griechischen Kunst oftmals mit dem Fell über der Schulter dargestellt wird). Hera verwandelte den Löwen in das gleichnamige Sternbild.

2. Tötung der Lernäischen Schlange (der neunköpfigen Hydra)

Die Hydra war eine neunköpfige Seeschlange, und Herakles' Aufgabe war es, sie zu vernichten. Doch jedes Mal, wenn er ihr einen Kopf abschlug, wuchsen an dessen Stelle zwei neue nach, was die Erfüllung der Aufgabe unmöglich machte. Zu allem Überfluss hatte die Hydra einen Riesenkrebs an ihrer Seite, der Herakles ebenfalls zusetzte. Dieser jedoch ließ sich nicht beirren. Mithilfe seines Neffen Iolaos brannte er mit einer Fackel die enthaupteten Hälse der Hydra aus, sodass dort keine Köpfe mehr nachwachsen konnten. Den Krebs tötete er ebenfalls, indem er ihn mit dem Fuß zerquetschte. Auch diese beiden Tiere wurden von Hera als Sternbilder (Wasserschlange bzw. Krebs) ans Firmament gesetzt.

3. Einfangen der Kerynitischen Hirschkuh

Als Nächstes musste Herakles die Kerynitische Hirschkuh ausfindig machen, eine Hindin mit goldenem Geweih, die der Göttin Artemis heilig war. Nachdem er ihr ein ganzes Jahr nachgestellt hatte, gelang es ihm endlich, sie einzufangen, allerdings erst nach einem aufreibenden Kampf, bei dem ein Ast ihres Geweihs zu Bruch ging. Artemis zeigte sich zwar verstimmt über diesen geringfügigen Schaden, erlaubte Herakles jedoch, die Hirschkuh zu seinen verbleibenden Taten mitzunehmen.

4. Einfangen des Erymanthischen Ebers
Herakles verfolgte dieses gewaltige Tier so lange über die verschneiten Flanken des Bergs Erymanthos, bis er es mithilfe eines Netzes einfangen konnte. Als er den Eber zu Eurystheus brachte, erschrak dieser so sehr, dass er sich in einem großen eisernen Topf versteckte.

5. Ausmisten der Ställe des Augias
Augias, der König von Elis, hielt eine riesige Herde von 3000 Rindern, und Herakles' Aufgabe bestand darin, deren Ställe auszumisten – was schon jahrzehntelang nicht mehr geschehen war. Herakles löste die Aufgabe, indem er zwei nahe gelegene Flüsse umleitete und ihr Wasser durch die Ställe lenkte. Als Augias sich nicht an sein Versprechen hielt, Herakles 300 Rinder zu schenken, falls dieser die Ställe an einem Tag ausgemistet hätte, zog Herakles zum Sturm auf Elis. Nach der er-

folgreichen Eroberung der Stadt veranstaltete er der Sage nach die ersten Olympischen Spiele.

6. Vertreibung der Stymphalischen Vögel

Diese menschenfressenden Vogelungeheuer versetzten die Gegend um den See Stympahlos in Arkadien in Angst und Schrecken. Nachdem Herakles sie mithilfe zweier großer Klappern aufgescheucht hatte, konnte er viele von ihnen mit seinen vergifteten Pfeilen töten. Die Vögel wurden in den Sternbildern Adler und Schwan verewigt, die am Nachthimmel das Sternbild Pfeil (das den Pfeil des Herakles zeigt) umschließen.

7. Einfangen des Kretischen Stiers

Poseidon hatte aus den Tiefen des Meeres einen stattlichen weißen Stier nach Kreta geschickt, welcher dort Pasiphaë, die Frau von König Minos, verführt hatte. Pasiphaë hatte sich dem Stier in einer hölzernen Kuhattrappe hingegeben und anschließend den Minotaurus zur Welt gebracht, ein Mischwesen aus Mensch und Stier (siehe auch Seite 166 sowie auf Seite 169 die Geschichte der Europa, die ähnliche Züge aufweist). Herakles bändigte den Stier, der im gleichnamigen Sternbild verewigt ist.

8. Zähmung der Stuten des Diomedes

Als Nächstes sollte Herakles die Pferde des grausam herrschenden Königs Diomedes rauben. Zu seiner Unterstützung sammelte er einige junge Gefährten um sich, darunter sein Liebling Abderos, der auf die Pferde aufpassen sollte, während Herakles und die anderen dem Diomedes auflauerten. Doch als sie zurückkehrten, fanden sie Abderos von den ungestümen, menschenfressenden Pferden zerrissen. Herakles hielt den leblosen Körper seines Freundes in den Armen und beweinte ihn. Dann errichtete er seinem toten Freund an der Stelle ein Grab, an der viele Jahre später die Stadt Abdera gegründet wurde. Anschließend band er die Mäuler der Pferde zu und brachte sie so mit den übrigen Gefährten zu König Eurystheus.

9. Raub des Gürtels der Hippolyte

Hippolyte war die Königin der Amazonen, eines kriegerischen Frauenvolks, und besaß einen kostbaren Gürtel, ein Geschenk ihres Vaters, des Kriegsgottes Ares. Zuerst versprach sie, Herakles diesen Gürtel, den sich Eurystheus' Tochter sehnlichst wünschte, freiwillig zu überlassen, doch dann säte Hera unter den Amazonen das Gerücht, Herakles sei gekommen, um Hippolyte zu entführen. In der anschließenden Verwirrung griffen die Amazonen Herakles an, dieser setzte sich jedoch zur Wehr, tötete Hippolyte und raubte den Gürtel.

10. Raub der Rinder des Geryon

Geryon war ein Riese mit drei zusammengewachsenen Leibern und drei Köpfen. Er lebte auf der Insel Erytheia und besaß eine Herde Rinder, die vom Licht der untergehenden Sonne im Westen rot gefärbt worden waren. In einer goldenen Schale, die ihm der Sonnengott Helios geliehen hatte, erreichte Herakles die Insel. Dort tötete er zuerst den Rinderhirten Eurytion, dann den zweiköpfigen Wachhund Orthros und schließlich, mit einem Pfeil, den er mit dem Blut der Hydra getränkt hatte, Geryon. Die Rinder zu Eurystheus zu schaffen, war keine leichte Aufgabe, zumal Hera eine Viehbremse unter die Herde schickte, um diese zu verstören und zu zerstreuen, aber schließlich gelang Herakles auch dies.

Doch zurück am Hofe des Eurystheus drohte ihm weiteres Ungemach. Eurystheus hatte ihm anfangs zehn Aufgaben auferlegt, ließ nun aber zwei davon nicht gelten, nämlich die Tötung der Hydra, weil Herakles dabei Hilfe von seinem Neffen erhalten hatte, sowie das Ausmisten der Augiasställe, weil er dafür

Lohn empfangen hatte. Unverdrossen machte Herakles sich an zwei weitere Aufgaben.

11. Pflücken der goldenen Äpfel der Hesperiden

Die Hesperiden waren drei Göttinnen, die einen Baum mit goldenen Äpfeln hegten. Ihre Geschichte hat mit der untergehenden Sonne zu tun. (Das griechische Wort *hesperos* bedeutet »Abend«, bezieht sich aber auch auf alles, was in Verbindung mit dem Untergang der goldenen Sonne im Westen steht.) Von Herakles' Triumph über die Hesperiden gibt es mehrere Versionen. Eine erzählt davon, wie er die hundertköpfige Schlange erschlug, die den Baum bewachte, und dann einen Korb voll Äpfel davontrug. Eine andere berichtet, dass er dem Titanen Atlas anbot, an dessen Stelle das Himmelsgewölbe zu stützen, während dieser für ihn die Äpfel stehlen sollte (diese Version erwähnt, dass Atlas mit den Hesperiden verwandt ist, was heißt, dass er sie schon auf seiner Seite hat). Als Atlas mit den Äpfeln zurückkam, stellte er fest, dass es ihm ganz recht wäre, wenn Herakles weiterhin das Himmelsgewölbe stützen würde. Zu seiner Überraschung erklärte Herakles sich dazu bereit, allerdings unter einer Bedingung: Atlas solle ihn für kurze Zeit ablösen, damit er sein Manteltuch zurechtrücken könne, sodass dieses wieder etwas bequemer saß. Atlas kam der Bitte nach, und im selben Moment machte Herakles sich mit den Äpfeln aus dem Staub.

12. Heraufbringen des Zerberus in die Oberwelt

Von allen Aufgaben, die Herakles zu bewältigen hatte, war dies zweifelsohne die herausforderndste. Der blutrünstige, dreiköpfige Hund Zerberus bewachte den Eingang zur Unterwelt (siehe Seite 141) und war sicher kein Tier, das man gerne an der Leine spazieren geführt hätte. Er war der Bruder der Hydra und des Orthros, des zweiköpfigen Wachhundes von Geryons Rindern, sowie der Onkel des Nemeischen Löwen.

Herakles war der erste Sterbliche, der lebend und mit der Absicht, wieder zurückzukehren, in den Hades vordrang. Er suchte zunächst einen Priester auf, der Rituale vollzog und dabei den Mythos von Persephone (siehe Seite 150) beschwor. Daraufhin stieg er in die Unterwelt hinab, überwältigte Zerberus mit bloßen Händen und brachte ihn zu Eurystheus. Zerberus blieb, anders als die meisten Tiere, die Herakles besiegte, unverletzt und kehrte in den Hades zurück.

Perseus und Medusa

Akrisios, der König von Argos, erfuhr eines Tages durch einen Orakelspruch, dass der Sohn seiner Tochter Danaë ihn einst umbringen werde. Daraufhin sperrte er sie ein, um sie den neugierigen Blicken ihrer Verehrer zu entziehen. Dem Göttervater Zeus jedoch gelang es trotzdem, zu Danaë vorzudringen. Er kam in Gestalt eines Goldregens über sie und schwängerte sie. Nachdem Danaë Perseus geboren hatte, ließ Akrisios die beiden auf dem Meer aussetzen, wo sie schließlich auf der Insel Serifos landeten.

Als Perseus erwachsen war, befahl ihm König Polydektes, ihm das Haupt der Medusa zu bringen, einer furchterregenden Gestalt mit Schlangenhaaren. Ihr Anblick ließ jedermann zu Stein erstarren, doch Perseus ließ sich durch diese Gefahr nicht abhalten. Mithilfe der Göttin Athene und bewaffnet mit einem verspiegelten Schild, den sie ihm lieh, heckte er einen Plan aus. Auf seiner Reise begegnete er den Graien, drei alten, hageren, hexenähnlichen Schwestern, die sich ein Auge und einen Zahn teilten – und die auch in späteren Zeiten immer wieder in Literatur und Film auftauchen, wie etwa in Shakespeares *Macbeth* oder in Filmen, in denen Hexen eine Rolle spielen (*Hocus Pocus – Drei zauberhafte Hexen, Die Hexen von Eastwick* oder *Der Sternwanderer*, um nur einige zu nennen).

Schließlich gelangte Perseus zu Medusa und schlug ihr das Haupt ab, indem er sie durch den verspiegelten Schild im Blick behielt, sie jedoch niemals direkt ansah und so seine Versteinerung riskierte. Bei seiner Rückkehr nach Serifos präsentierte er den Kopf dem König Polydektes, der daraufhin zu Stein erstarrte.

Anschließend kehrte Perseus in seine Heimat zurück, stürzte Akrisios vom Thron und schlug ihn in die Flucht. Viele Jahre später erfüllte sich der Orakelspruch, als Perseus bei Wettkämpfen einen Diskus warf und damit unbeabsichtigt seinen Großvater traf, der dadurch umkam.

Midas

Die berühmte Geschichte des Midas erklärte in den Augen der Griechen das Vorkommen von Gold im Fluss Paktolos, der an der Westküste der heutigen Türkei liegt. Weil Midas dem Gott Dionysos einen Dienst erwiesen hatte, gewährte ihm dieser die Erfüllung eines Wunsches. Ohne zu zögern wünschte sich Midas, dass alles, was er berührte, zu Gold würde.

Einige Zeit lang konnte er diese neue Gabe genießen. Er wandte sie ausgiebig an und verwandelte seine Wagen, sein Vieh und seinen Garten in nutzlose, aber äußerst wertvolle Goldbrocken. Die Freude war jedoch nur von kurzer Dauer, denn unter seinen Händen verwandelte sich auch jede Speise und jedes Getränk in das glänzende Edelmetall. Noch Schlimmeres musste er erleben, als er seine Tochter bei der Hand nahm, um ihr seine Künste vorzuführen, und diese ebenfalls zu Gold wurde. Doch zu seinem Glück hatte Dionysos ein Ohr für seine Klagen und riet ihm, im Fluss Paktolos zu baden, um die Gabe wieder von sich zu waschen. Midas befolgte den Rat, woraufhin all seine Besitztümer und auch seine Tochter wieder zu dem wurden, was sie zuvor gewesen waren.

Noch heute sagen wir anerkennend von einem erfolgreichen Geschäftsmann: »Was er anfasst, wird zu Gold.« Allerdings beziehen wir uns damit nur auf kurzzeitige Erfolge, und wir sollten nicht vergessen, dass Midas durch seine Gabe beinahe verhungert wäre und seine Tochter umgebracht hätte, und dass er schon bald seinen Wunsch bereute.

Krösus

Das Gold im Fluss Paktolos, das dort am Ende von Midas' Ausflug in die Alchemie landete, machte einen anderen Mann unermesslich reich. In den Erzählungen von König Krösus vermischen sich Mythos und Wirklichkeit. Als gesichert gilt, dass er im 6. Jahrhundert v. Chr. als letzter König von Lydien regierte, das das westliche Drittel der heutigen Türkei umfasste. Durch seinen immensen Reichtum wurde er schon bald zu einer sagenhaften Gestalt, um die sich im Lauf der Zeit immer stärker ausgeschmückte Geschichten rankten, was schon nach wenigen Jahrhunderten dazu führte, dass die Erzählungen rund um seine Person in keinerlei chronologische Ordnung mehr zu bringen waren.

Eine Geschichte erzählt, wie der Athener Gelehrte Solon dem Krösus einen Besuch abstattete. Krösus zeigte seinem Gast all seinen Reichtum und seine wunderbaren Besitztümer und fragte ihn, ob er einen Menschen kenne, der glücklicher sei als er, Krösus. Solon scheute sich nicht zu antworten, er kenne drei Männer, die glücklicher als Krösus gewesen seien: allesamt einfache Bürger, die ein aufrichtiges und ehrenhaftes Leben geführt hätten und die alle, obwohl sie nicht reich gewesen seien, auf ein erfülltes Dasein hätten zurückblicken können. Solon erklärte Krösus, erst nach dem Tode eines Menschen könne beurteilt werden, ob dieser als glücklich anzusehen sei.

Der historische Krösus hat sich wohl in der Tat etwas übernommen, als er sich 547 v. Chr. zu einem Präventivschlag gegen die Perser entschied, die damals zunehmend an Einfluss gewannen. Vor der Unternehmung befragte Krösus mehrere Orakel und erhielt zur Antwort, er werde, wenn er gegen die Perser zu Felde ziehe, ein großes Reich zerstören. Das Reich, das er zerstörte, war jedoch sein eigenes.

Theseus und der Minotaurus

Theseus, dieser sagenumwobene Held und Inbegriff altgriechischer Männlichkeit und Tapferkeit, war der Sohn des Aigeus, des Königs von Athen, sowie des Meeresgottes Poseidon, die beide mit seiner Mutter Aithra das Bett geteilt hatten. Die Abstammung von zwei Vätern hob ihn einerseits in den Rang eines Prinzen, und verlieh ihm andererseits etwas Göttliches, weshalb er die Unsterblichen um Hilfe anrufen konnte, wann immer er in Bedrängnis war.

Anders als der heutige griechische Nationalstaat war das Griechenland der Antike eine Ansammlung zahlreicher Stadtstaaten - mit Athen als Mittelpunkt -, in denen jeweils ein eigener König herrschte, die aber durch die Ähnlichkeit ihrer Dialekte miteinander verbunden waren. Nach einer Auseinandersetzung mit Athen forderte der kretische König Minos, ein gefürchteter Herrscher, dass jedes Jahr sieben Jünglinge und sieben Jungfrauen auf einem Schiff mit schwarzen Segeln nach Kreta geschickt wurden, um dort dem Minotaurus geopfert zu werden. Dieser war ein Wesen mit dem Körper eines Mannes und dem Kopf eines Stieres, hervorgegangen aus der Verbindung zwischen einem Stier und - auch dieser Mythos ist in verschiedenen Versionen überliefert - entweder Europa oder Pasiphaë, und lebte in den Tiefen eines Labyrinths, das König Minos hatte errichten lassen, um ihn gefangen zu halten.

Weil Theseus diesen Tributzahlungen ein Ende bereiten und so bei seinem Volk zum Helden werden wollte, stellte er sich freiwillig als einer der sieben Jünglinge zur Verfügung. Im Palast des Minos in Knossos suchte ihn Ariadne auf, die Tochter des Königs. Sie gab ihm einen zusammengerollten seidenen Faden, den er auf dem Weg in das Labyrinth entrollen sollte, um anschließend wieder hinauszufinden. Theseus beherzigte ihren Rat und erschlug den Minotaurus im heldenhaften Kampf. Als er den Palast siegreich wieder verließ, stand sein Entschluss fest, Ariadne als seine Frau nach Athen zu führen, doch der Gott Dionysos durchkreuzte seine Pläne und befahl ihm, Ariadne auf der Insel Naxos zurückzulassen, da er sie selbst ehelichen wollte.

In tiefem Kummer kehrte Theseus nach Athen zurück und vergaß dabei, weiße Segel statt der schwarzen zu setzen. Als König Aigeus das Schiff am Horizont erblickte, fürchtete er das Schlimmste. Noch bevor seine Ahnung bestätigt oder widerlegt werden konnte, stürzte er sich in das Meer, das heute nach ihm benannt ist: das Ägäische Meer.

Der Sage nach wurde Theseus König von Athen und vereinte die attischen Städte zu einem staatsähnlichen Gemeinwesen. Da diese Vereinigung sich jedoch in Wirklichkeit über mehrere Jahrhunderte hinzog, kann der Mythos von Theseus als Veranschaulichung des »Griechentums« gelten, das er verkörperte. Minos war bekannt für seine grausame Herrschaft und seine drakonischen Strafen, weshalb es nicht verwundert, dass dieser fernab von Athen in einer weitläufigen Palastanlage regierende König in den mythischen Erzählungen mit einem Fabelwesen verschwamm, das in einem verwinkelten Labyrinth lebte (für das in Knossos keine archäologischen Belege gefunden wurden). Indem Theseus dieses barbarische, »ungriechische« Ungeheuer erschlug und den König von Kreta stürzte, wurde er zur makellosen Verkörperung des mannhaften griechischen Volkes.

Europa

Dieser Figur der griechischen Mythologie verdankt nicht nur ein Mond des Planeten Jupiter seinen Namen, sondern auch unser Kontinent. Alle Versionen des Mythos stimmen darin überein, dass Europa eine ausnehmend hübsche junge Adlige war, die mit ihrer Schönheit auch Zeus betörte, der sich in einen sanftmütigen weißen Stier verwandelte, um sie zu verführen.

Europa näherte sich dem anscheinend harmlosen Stier, streichelte ihn und schmückte ihn mit Blumen. Dann setzte sie sich auf ihn, und im selben Augenblick lief er zur Küste und schwamm mit Europa auf dem Rücken über das Meer nach Kreta.

Unterwegs schloss sich ihnen ein Gefolge aus Nymphen, Geistern und anderen Gottheiten an, die Europa zu verstehen gaben, dass dieser weiße Stier kein gewöhnliches Tier war. Schon bald ahnte sie, dass sie sich in den Fängen eines Gottes befand.

Sie gebar Zeus drei Söhne, darunter Minos, den späteren König von Kreta, der berüchtigt für seine grausame Herrschaft war und in seinem Palast den Minotaurus gefangen hielt (siehe oben). Außerdem war Europa die Schwester des Kadmos, der auf der Suche nach seiner entführten Schwester den Zorn des Ares auf sich zog (siehe Seite 140).

Ikarus

Die Geschichte von Ikarus und seinem Vater, dem Handwerker Dädalus, ist ein lehrhaftes Beispiel, das uns auf anrührende Weise vor Augen führt, wie wichtig es ist, Demut zu üben. Die Parallelen zwischen diesem Mythos und der chinesischen Sage von Kua Fu (siehe Seite 72) machen deutlich, wie verschiedene

Kulturen vergleichbare sinnbildliche Geschichten entwickeln, um universell gültige Lehren zu vermitteln.

Die griechische Mythologie erzählt davon, wie Ikarus und Dädalus auf Kreta in dem großen Labyrinth des Minos, das Dädalus für den König errichtet hatte, gefangen gehalten wurden, weil Dädalus der Ariadne, der Tochter des Minos, den Faden gegeben hatte, mit dessen Hilfe Theseus wieder aus dem Labyrinth herausgefunden hatte (siehe Seite 166). Zwar kannte Dädalus den Ausweg aus seinem eigenen Bauwerk selbst nicht, war jedoch so erfinderisch, aus Federn und Wachs für sich und seinen Sohn zwei Paar Flügel zu bauen, die ihnen die Flucht von der Insel ermöglichen sollten.

Dädalus schärfte seinem Sohn ein, ihm stets zu folgen, nicht zu nahe an die Sonne zu fliegen und sich nicht seinen eigenen Weg zu suchen. Doch Ikarus beachtete die Warnungen seines Vaters nicht und stieg höher und höher in den Himmel. Je näher er der Sonne kam, desto flüssiger wurde das Wachs, bis es schließlich schmolz, die Federn sich lösten und er ins Meer stürzte. Ein Teil des Ägäischen Meeres heißt heute Ikarisches Meer. Dort liegt, nahe der Stelle, an der Ikarus ins Meer stürzte, die Insel Ikaria, auf der Dädalus seinen Sohn beigesetzt haben soll.

ACHTES KAPITEL

DIE RÖMISCHE MYTHOLOGIE

WER WAREN DIE RÖMER?

Die römische Zivilisation hat ohne Zweifel auf die moderne westliche Welt größeren Einfluss als jede andere Kultur ausgeübt. Viele der von ihr ausgehenden Neuerungen waren jedoch griechischen Ursprungs: von Mythologie und Götterwelt über Philosophie, Künste, Literatur und Theater bis hin zu Gesetzgebung, Gesellschaftsform und technologischen Errungenschaften.

Das römische Reich hatte über 1000 Jahre Bestand und erstreckte sich auf dem Höhepunkt seiner Macht über große Teile West- und Nordeuropas, Nordafrikas und des Nahen Ostens. Um 600 v. Chr. schlossen sich verstreute Siedlungen zur Stadt Rom zusammen. 509 v. Chr. wurde die Stadt eine Republik, in der zwei vom Senat gewählte Konsuln regierten. Rasch gewann Rom an Macht und unterwarf schon bald die anderen Völker auf der italienischen Halbinsel.

146 v. Chr. hatte Rom mit Sizilien, Spanien und Gebieten in Nordafrika die ersten überseeischen Kolonien erworben, und in den folgenden Makedonischen Kriegen kamen weitere Gebiete in Makedonien, Griechenland und Kleinasien hinzu. 27 v. Chr. wurde Augustus,

Großneffe und Adoptivsohn von Julius Cäsar, der erste Kaiser von Rom und begründete damit die römische Kaiserzeit, die 400 Jahre dauern sollte. Im 2. Jahrhundert n. Chr. erstreckte sich das römische Reich über das gesamte Mittelmeer, fast ganz West- und Südeuropa und die Gebiete der heutigen Staaten Türkei, Israel, Ägypten, Irak, Iran sowie über Teile der arabischen Halbinsel. Bei den Angriffen aus dem Norden, denen es sich in der Phase seines Niedergangs ausgesetzt sah, erwies sich das Reich jedoch aufgrund seiner schieren Größe als verletzlich. 455 hatten germanische Völker die Hauptstadt Rom mehrfach geplündert, und 476 wurde Romulus Augustulus, der letzte römische Kaiser, abgesetzt, wodurch das Ende des Reiches besiegelt war.

Götter und Göttinnen

Die Römer waren so fasziniert von der Mythologie der Griechen, dass sie deren Götter und Göttinnen und die jeweils dazugehörigen Geschichten übernahmen. Vieles von dem, was wir von der griechischen Mythologie wissen, stammt aus römischen Schriften. Anstelle einer Wiederholung der Mythen aus dem letzten Kapitel folgt daher nun eine vergleichende Übersicht der griechischen und römischen Gottheiten. Wie zu erkennen ist, sind mit Ausnahme der Erde alle Planeten unseres Sonnensystems nach bedeutenden römischen Gottheiten benannt.

Griechischer Name	Römischer Name	Zuordnung
Aphrodite	**Venus**	Göttin der Liebe und der Schönheit
Apollon	**Apollo**	Gott der Musik, der Sonne und des Bogenschießens
Ares	**Mars**	Gott des Krieges
Artemis	**Diana**	Göttin der Jagd und der Fruchtbarkeit
Athene	**Minerva**	Göttin der Weisheit und des Mutes, Schutzgöttin
Kronos	**Saturn**	Gott des Himmels, Anführer der Titanen
Demeter	**Ceres**	Göttin des Ackerbaus
Dionysos	**Bacchus**	Gott des Weines
Eros	**Cupido**	Gott der Liebe und der Begierde
Hades	**Pluto**	Gott der Unterwelt
Hephaistos	**Vulkan**	Gott des Feuers, der Vulkane und der Waffen

Griechischer Name	Römischer Name	Zuordnung
Hera	**Juno**	Gattin des Zeus bzw. Jupiters
Herakles	**Herkules**	Mannhafter Held und Halbgott
Hermes	**Merkur**	Götterbote mit geflügelten Sandalen
Persephone	**Proserpina**	Gattin des Hades bzw. Plutos
Poseidon	**Neptun**	Gott des Meeres
Uranos	**Uranus**	Himmel, Vater der Titanen
Zeus	**Jupiter**	Oberster der Götter, Blitzeschleuderer

Die Anfänge Roms – viele Wege führen ans Ziel

Zahlreiche Geschichten ranken sich um die Gründung Roms, der »Ewigen Stadt«, die das pulsierende Zentrum des gewaltigen römischen Reiches war, das rund 1000 Jahre lang den Mittelmeerraum beherrschte. Die älteren Sagen erzählen im Zusammenhang mit der Stadtgründung die Geschichte der Zwillinge Romulus und Remus, die von einer Wölfin großgezogen wurden. Spätere Zeugnisse, wie etwa die *Äneis* des Vergil, nennen als Stadtgründer einen Helden des Trojanischen Krieges, der von den Göttern abstammte. (Um die Traditionalisten nicht zu verärgern, erwähnt Vergil in einer Nebenbemerkung allerdings auch Romulus und Remus.)

Romulus und Remus

Die meisten von uns erinnern sich sicher an die Geschichte der Zwillinge, die von einer Wölfin aufgezogen wurden, aber vermutlich wissen die wenigsten, in welchem Zusammenhang dieser Mythos mit der Gründung Roms steht. Nachdem der Kriegsgott Mars, der Vater der Zwillinge, die beiden ausgesetzt hatte, wurden sie in freier Wildbahn von einer Wölfin großgezogen (der Wolf steht unter anderem symbolisch für Furcht und Schrecken).

Die so erreichte friedliche Geborgenheit fand jedoch bald ein Ende, denn 753 v. Chr. erschlug Romulus seinen Bruder im Streit und benannte die Stadt, die er daraufhin errichtete, nach sich selbst. Da es in der noch jungen Siedlung an Frauen mangelte, raubte er von dem in der Nähe lebenden Volk der Sabiner zahlreiche unverheiratete junge Frauen. Dieses Ereignis ging unter dem Namen *Der Raub der Sabinerinnen* in die Kunstgeschichte ein und wurde besonders in der Renaissance häufig Gegenstand künstlerischer Darstellungen.

Es mag überraschen, dass aus so wenig verheißungsvollen Umständen eine so stolze Kultur wie die der Römer entstand. Aber vielleicht waren es gerade dieser Stolz und dieser Hochmut, die den Römern zu so viel Glanz verhalfen, und dieses Gefühl der Überlegenheit, das sie die Ausweitung ihres Reiches mit so viel Nachdruck betreiben ließ. Und vielleicht entstand im römischen Volk auch durch diesen von Wagemut zeugenden Gründungmythos ein Anspruchsdenken, das der Entwicklung des Reiches dienlich war.

Äneas

Im Jahr 29 v. Chr. beauftragte Augustus, der erste römische Kaiser, den Dichter Vergil mit der Schaffung eines Werkes, das die Gründung Roms zum Thema haben sollte. Nach jahrelangen Auseinandersetzungen mit anderen Völkern, nach Bürgerkriegen und Alleinherrschaften war die Republik Rom schließlich auseinandergebrochen und dem Kaiserreich gewichen. Kaiser Augustus wollte ein Epos, das den Römern wieder Stolz verleihen und seine eigene, noch ungefestigte Position stärken würde, indem es von den Anfängen der Stadt erzählte. Darüber hinaus stellt das Langgedicht Augustus und seine Familie auch als Nachfahren des Stadtgründers dar, obwohl er in Wahrheit der Adoptivsohn Julius Cäsars war.

In der *Äneis* erzählt Vergil die Geschichte von Äneas, einem Helden des Trojanischen Krieges, und von den Irrfahrten, die ihn, nach der Niederlage der Griechen im zehnjährigen Krieg um Troja, auf der Suche nach einer neuen Heimat schließlich nach Italien führen. Das Epos macht unumwunden Anleihen bei den beiden großen Werken des griechischen Dichters Homer, der *Ilias* und der *Odyssee* (die als erste schriftlich niederlegte Dichtungen des Abendlandes gelten). Vergil verwandelt die griechischen Mythen, mit denen die römischen Bürger vertraut waren, selbstbewusst in römische Mythen und verbindet die Anfänge des römischen Reiches mit den Geschichten, die seit vielen Generationen im Mittelmeerraum im Umlauf waren.

Die anrührendste Episode in der *Äneis* ist die Geschichte von Dido und Äneas. Dido ist die Königin von Karthago und verliebt sich in Äneas, als dieser auf seiner Reise an Karthagos Küste strandet. Venus (die Göttin der Liebe und zugleich Äneas' Mutter) hilft bei der entstehenden Liebe zwischen den beiden ein wenig nach, indem sie ein Unwetter schickt, woraufhin Dido und Äneas in einer Höhle Schutz suchen.

Äneas wird jedoch schon bald vom Götterboten Merkur daran erinnert, dass es seine Pflicht ist, Rom zu gründen, und dass er, will er dieser Pflicht nachkommen, auf die Erfüllung seiner Begierden verzichten und Dido verlassen muss. Äneas erklärt Dido, dass er weiterziehen muss, und sticht wieder in See. Von Gram verzehrt, schwört Dido Rache und legt so die Grundlage für den späteren Konflikt zwischen Karthago und Rom, und stürzt sich sodann in ein Schwert, das Äneas ihr geschenkt hatte.

Als Äneas schon auf hoher See ist und das Leuchten des brennenden Scheiterhaufens sieht, weiß er, was geschehen ist. Aus dieser bewegenden Episode der *Äneis*, die von Didos Kummer und ihrem Selbstmord erzählt, wurde einer der großen Stoffe der Weltliteratur. Später begegnet Äneas seiner früheren Liebe in der Unterwelt und versucht, ihr sein Handeln zu erklären, doch Didos Geist schweigt und verhält sich abweisend, ja sieht Äneas nicht einmal in die Augen.

Die Tierkreiszeichen

Die Zeichen des Tierkreises sind ein eindrückliches Beispiel dafür, wie Mythen von einer Kultur in die andere wandern. Das Wort *Zodiakus*, der Fachausdruck für den Tierkreis, stammt aus dem Griechischen und bedeutet wörtlich »Kreis der Tiere«. Damit ist die kreisförmige Darstellung des Himmels gemeint, deren zwölf Abschnitte jeweils von einem Tierzeichen beherrscht werden. Dieses Modell existierte jedoch schon lange vor den alten Griechen: Die Babylonier und die Sumerer (die im Gebiet des heutigen Irak lebten) kannten es bereits vor rund 3000 Jahren. Damals gab es auch schon einige der Tierzeichen, die wir noch heute verwenden.

Jede Kultur blickte mit ehrfürchtigem Staunen in den Sternenhimmel, und die Menschen haben sich zahllose faszinierende Geschichten rund um die Gestalten ausgedacht, die wir in den Sternbildern erkennen, um die Bewegungen der Sterne am Firmament zu erklären. Durch diese intensive Beobachtung hat die Menschheit gelernt, sich auf ihrem eigenen Planeten, aber auch in den Weiten des Weltalls zu orientieren.

Die Griechen hatten für die Sternbilder ihre eigenen Herleitungen, von denen einige in der folgenden Tabelle aufgeführt sind und andere der Sage von den Arbeiten des Herakles (siehe Seite 154 ff.) entstammen. Die Römer übernahmen die Bezeichnungen und latinisierten sie, und heute, tausende Jahre später, finden wir sie noch immer auf der ganzen Welt in den Zeitungshoroskopen. Den Babyloniern hätte das gefallen.

Lateinischer Name	Deutsche Bezeichnung	Herleitung
Aries	**Widder**	Schafe sind in vielen Mythologien der Welt anzutreffen. Die griechisch-römische Mythologie kennt das Goldene Vlies, das goldene Fell eines Widders, das Jason und die Argonauten dem Aietes, dem König von Kolchis, entwendeten.

Lateinischer Name	Deutsche Bezeichnung	Herleitung
Taurus	**Stier**	Dieses Sternbild wird vermutlich schon seit sage und schreibe 15 000 v. Chr. als das Abbild eines Stiers gedeutet. Die griechisch-römische Überlieferung sah in ihm entweder Jupiter, der in Gestalt eines Stiers Europa verführte, oder den Kretischen Stier, den Herakles bändigte (siehe Seite 157).
Gemini	**Zwillinge**	Dieses an Strichmännchen erinnernde Sternbild zeigt die Zwillinge Kastor und Pollux. Sie waren Brüder der Helena von Troja (deren Entführung den Trojanischen Krieg auslöste) und der Klytämnestra (die nach dem Krieg um Troja ihren Ehemann Agamemnon ermordete). Sie repräsentieren die Reitkunst und die Kunst der Navigation. Zeus hatte, in Gestalt eines Schwans, Leda verführt. Aus einem Ei schlüpften Pollux und Helena, aus dem anderen Kastor und Klytämnestra, deren Vater allerdings Tyndareos war. Daher war nur Pollux unsterblich, aber Zeus gewährte auch dessen Bruder die Unsterblichkeit, indem er ihn in dem Sternbild verewigte.

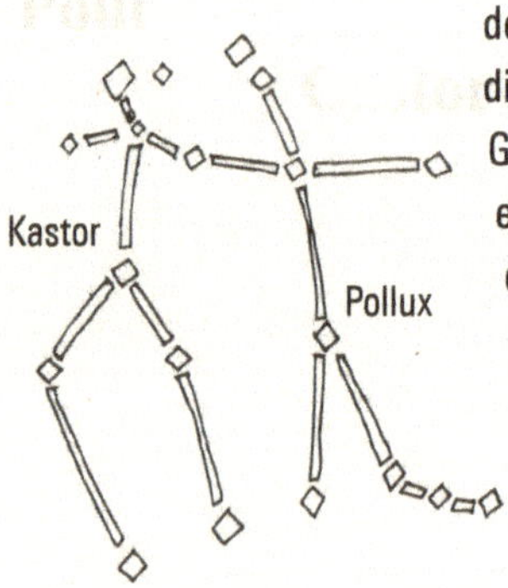

Das Sternbild Zwillinge

Lateinischer Name	Deutsche Bezeichnung	Herleitung
Cancer	**Krebs**	Der Krebs spielt in der klassischen Mythologie eine eher unbedeutende Rolle. Er ist der mit Scheren bewaffnete Helfer der Lernäischen Schlange (der Hydra), die Herkules besiegen muss (siehe Seite 155). Herkules ringt ihn nieder, indem er ihn mit dem Fuß zerquetscht. Heute hat der Krebs seinen Platz unter den Sternen.
Leo	**Löwe**	Auch der Löwe wird schon sehr lange in einer Konstellation am Himmelszelt gesehen. Schon 4000 v. Chr. war das Zeichen in Mesopotamien bekannt. Griechen und Römer leiteten das Sternbild aus der Geschichte des Herkules ab, der den Nemeischen Löwen erlegte (siehe Seite 154).

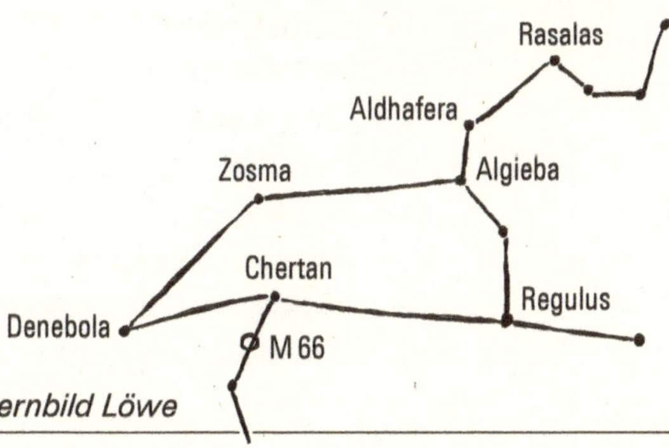

Das Sternbild Löwe

Lateinischer Name	Deutsche Bezeichnung	Herleitung
Virgo	**Jungfrau**	Dieses Sternbild am nächtlichen Himmel zeigt die Gestalt einer Frau. Diese wird mit zahlreichen mythologischen Figuren in Verbindung gebracht. In der babylonischen Frühzeit stand die Konstellation für Fruchtbarkeit im Ackerbau. Die Römer übernahmen diese Deutung und interpretierten die Frauengestalt als die Göttin Ceres (die Göttin des Ackerbaus). Eines ihrer Attribute war eine Ährengarbe. Andere Deutungen sehen in dem Sternbild Justitia, die Göttin der Gerechtigkeit, deren Waage im gleichnamigen benachbarten Sternbild zu sehen ist.
Libra	**Waage**	Die Griechen sahen in den Sternen, die das Zeichen Waage bilden, die Scheren des Zeichens Skorpion, die Römer jedoch machten daraus das eigenständige Sternzeichen Waage. (Um in Anordnungen von Sternen Formen zu erkennen, braucht man ein wenig kreative Freiheit.) Früher war die Waage während der Herbst-Tagundnachtgleiche zu sehen – was angesichts des ausgewogenen Verhältnisses von Tag und Nacht gut zu die-

Lateinischer Name	Deutsche Bezeichnung	Herleitung
Libra	**Waage**	sem Symbol passte. Da sich die Position der Erde im Lauf der Zeit verändert, fällt die Tagundnachtgleiche mittlerweile in das Zeichen der Jungfrau.
Scorpio	**Skorpion**	Der Skorpion – ob nun von den Römern verstümmelt oder nicht – liegt in der Nähe des Sternbildes Orion und erscheint am Nachthimmel, wenn Orion hinter dem Horizont versinkt. Daher wird der Skorpion als Angreifer gedeutet, vor dem Orion flieht. Ihn schickte entweder Diana als Vergeltung für Orions unwillkommene Annäherungsversuche, oder die Erde, als Reaktion auf seine prahlerische Äußerung, er könne jedes Tier besiegen.
Sagittarius	**Schütze**	Dieses Sternbild zeigt einen Kentauren – ein Mischwesen aus Pferd und Mensch –, der seinen Bogen spannt und den Pfeil auf den neben ihm liegenden Skorpion richtet.
Capricornus	**Steinbock**	Diese Gestalt, ein Mischwesen aus Ziege und Fisch, erscheint am Tag der Winterson-

Lateinischer Name	Deutsche Bezeichnung	Herleitung
Capricornus	**Steinbock**	nenwende, am 21. Dezember, am Firmament. Er wurde mit dem Winteranfang in Verbindung gebracht, schon Jahrtausende bevor Griechen und Römer diese Deutung übernahmen. Die Griechen nannten ihn Pan, die Römer Faunus, und die Sage erzählt, dass er sich vor Typhon zu verstecken suchte, einem grässlichen Ungeheuer, das gegen die Götter kämpfen sollte. Als er in den Nil sprang, verwandelte sich seine untere Hälfte in die eines Fisches, was ihm die Flucht erleichterte. Zum Dank für zahlreiche wertvolle Dienste, die er den Göttern erwiesen hatte, verewigte Jupiter ihn inmitten der Sterne am Himmelszelt.
Aquarius	**Wassermann**	Dieses Sternbild wird auf gewagte Weise gedeutet: ein junger Mann, der Wasser aus einer Amphore gießt. Die klassische Mythologie sieht in ihm entweder Ganymed (griechisch) oder Catamitus (lateinisch). Zeus, der sich in den Knaben verliebt hatte, verwandelte sich in einen Adler und entführte ihn auf den Olymp, wo er der Mundschenk

Lateinischer Name	Deutsche Bezeichnung	Herleitung
Aquarius	**Wassermann**	der Götter wurde. Ein weiteres Element dieser Geschichte findet sich im benachbarten Sternbild Adler (lat. Aquila).
Pisces	**Fische**	Die beiden mit einer Schnur verbundenen Fische, die dieses Sternbild zeigt, stellen Venus und ihren Sohn Cupido dar, auf der Flucht vor dem Ungeheuer Typhon, dem aufgetragen war, die Götter umzubringen. Sprang Faunus (der Steinbock) in den Nil, um zu entkommen, so verwandelten diese beiden sich gänzlich in Fische.

HELDEN UND HELDINNEN

Die folgenden römischen Sagen lehnen sich stark an Erzählungen der griechischen Mythologie an.

Orpheus und Eurydike

Ovid erzählt diese tragische Liebesgeschichte auf bewegende Weise in seinem Werk *Metamorphosen.* In dieser Sammlung verarbeitet er zahlreiche Mythen und liefert damit Erklärungen für etliche Erscheinungen unserer Welt, etwa die Entstehung der Schmetterlinge oder des Lorbeerbaums.

Orpheus und Eurydike waren sehr ineinander verliebt, doch kurz nachdem sie geheiratet hatten, wurde Eurydike von einer Schlange gebissen und starb. Orpheus war von Gram zerfressen und ihm blieb nur noch der verzaubernde Klang seiner Leier. Er wagte es, in den Hades hinabzusteigen, und beschwor dort Pluto und Proserpina mit seinem hinreißenden Gesang und den Klängen seiner Leier, seiner Frau die Rückkehr in das Reich der Lebenden zu gestatten. Seine

Musik war so berückend schön, dass das Leben in der gesamten Unterwelt für einen Moment stillstand.

Das Götterpaar war so bewegt, dass Proserpina Orpheus' Bitte nachkam – jedoch unter einer Bedingung: Orpheus sollte seine Frau zurück in die Welt der Sterblichen führen, ohne sich dabei nach ihr umzudrehen. Erst wenn sie wieder in der Oberwelt wären, dürfte er sie ansehen. Daraufhin stieg das wiedervereinte Paar gemeinsam den steilen und dunklen Pfad hinauf, Eurydike in Orpheus' Gefolge.

Als sie sich dem Ausgang aus der Unterwelt näherten, wurde das Dunkel um sie herum schwächer, und weil Orpheus sicher sein wollte, dass Eurydike unbeschadet über die Schwelle gelangte, drehte er sich nach ihr um. Im selben Moment wusste er, dass es zu früh war. Eurydike sank zurück in die Unterwelt und konnte ihrem Geliebten gerade noch ein leises »Lebewohl« zuflüstern. Dreimal streckte Orpheus die Hand nach ihr aus, aber dreimal griff er dort, wo sie eben noch gestanden hatte, ins Leere.

Orpheus hatte seine Frau zum zweiten Mal verloren und durfte nicht noch einmal zurück in die Unterwelt. Er hatte nun nichts mehr, wofür er leben sollte, irrte mit seiner Leier umher und erwartete sein Schicksal, das ihn schon bald in Gestalt der Mänaden ereilte, einer Gruppe weiblicher mythologischer Figuren. Sie rissen ihn in Stücke und errichteten ihm anschließend am Fuß des Olymps eine Grabstätte. Noch heute gilt der Gesang der Nachtigallen, die dort leben, als der schönste der Welt.

Das Trojanische Pferd

Auch die Sage um das Trojanische Pferd ist eine Geschichte griechischen Ursprungs, die Vergil in seiner *Äneis* (siehe Seite 179) detailreich nacherzählt.

Sie ereignete sich gegen Ende des zehnjährigen Trojanischen Krieges, in dem die Griechen versuchten, Helena zurückzugewinnen, die Tochter des Zeus und Gattin des Menelaos, des Königs von Sparta, die von der Göttin Aphrodite dem trojanischen Jüngling Paris zugeführt worden war. Der Krieg hatte schon fast ein Jahrzehnt gewütet, doch die gut befestigte Stadt Troja hielt noch immer allen Angriffen stand.

Da heckten die Griechen einen raffinierten Plan aus. Sie gingen an Bord ihrer Schiffe, die zu Hunderten vor der Küste lagen, und zogen sich so weit zurück, dass sie gerade außer Sichtweite waren, um bei den Trojanern den Eindruck zu erwecken, sie hätten den Kampf aufgegeben. Als Geschenk für die vermeintlichen Sieger ließen sie vor dem Stadttor ein großes hölzernes Pferd zurück. Die Trojaner nahmen das Geschenk gerne an und zogen es in die Stadt.

Doch war dieses Geschenk alles andere als ein Segen, denn in seinem Inneren befand sich ein Trupp von rund 40 griechischen Soldaten unter der Führung des Odysseus, des Helden des großen homerischen Epos. Diese stiegen in der Nacht unbemerkt aus dem Pferd und öffneten dem griechischen Heer, das mittlerweile wieder an Land zurückgekehrt war, die Tore. Daraufhin zerstörten die Griechen die Stadt, errangen so den Sieg und führten den Untergang Trojas herbei.

Manlius und die Gänse auf dem Kapitol

Der römische Geschichtsschreiber Livius berichtet von diesem Vorfall, bei dem Rom durch eine aufgeregte Gänseschar gerettet wurde. 387 v. Chr. griffen die Gallier außerhalb der Stadt römische Truppen an. Viele Soldaten kamen dabei ums Leben, etliche sprangen in den Tiber und ertranken wegen der schweren Rüstungen, die sie trugen. Nachdem Frauen und Kinder in den Randbezirken der Stadt in Sicherheit gebracht worden waren, zogen sich die Überlebenden auf den Kapitolshügel zurück, den die Gallier daraufhin belagerten.

Schon bald wurde in dieser von der Außenwelt abgeschlossenen Gemeinschaft die Nahrung knapp. Dennoch erhielten auch die Gänse, die auf dem Kapitol lebten, immer ihren Anteil, denn sie waren der Juno heilig, der Gattin des Jupiter. Diese Großzügigkeit sollte sich für die Eingeschlossenen schon bald auszahlen.

Nach langer Belagerung fanden die Gallier einen Zugang zum Kapitolshügel und schlichen sich im Schutze der Nacht an. Zu dieser Zeit lagen Wachhunde und Wachposten in tiefem Schlaf, doch kaum kletterte der erste Gallier über die Befestigungsmauern, schlugen die Gänse der Juno Alarm. Von ihrem Geschnatter geweckt, warf Marcus Manlius, späterer Konsul der römischen Republik, den Gallier zurück und warnte die anderen Römer von dem bevorstehenden Angriff.

Im anschließenden erbittert geführten Kampf mussten die Gallier bald erkennen, dass sie keine Chance hatten, das Herz der römischen Hauptstadt zu erobern, und sahen sich zum Rückzug gezwungen. Daraufhin hielten die Römer jedes Jahr zum Gedenken an das Ereignis einen Umzug ab, an dessen Spitze eine goldene Gans getragen wurde.

Pyramus und Thisbe

In einem anderen Kapitel seiner *Metamorphosen* erzählt Ovid eine tragische Liebesgeschichte, die erklärt, weshalb die Früchte des Maulbeerbaums rot sind. In Babylonien lebte der Jüngling Pyramus Tür an Tür mit dem Mädchen Thisbe. Sie waren schon als Kinder befreundet, und als sie zu Jugendlichen wurden, entstand zwischen ihnen eine tief empfundene Liebe. Ihre Familien waren jedoch zerstritten und untersagten die Verbindung.

Die beiden Liebenden durften einander nicht sehen und konnten nur durch einen Spalt in der Wand zwischen ihren Häusern miteinander sprechen. Nach einer Weile beschlossen sie, sich dem Verbot ihrer Eltern zu widersetzen, und verabredeten, sich in der folgenden Nacht vor den Stadtmauern unter einem Maulbeerbaum mit weißen Früchten zu treffen.

Thisbe traf als Erste ein, das Gesicht von einem Schleier verhüllt. Kurz darauf gesellte sich eine Löwin zu ihr, die aus einem Fluss trinken wollte. Vor Schreck lief Thisbe davon und versteckte sich in einer Höhle, wobei sie in der Hast ihren Schleier verlor. Die Löwin schnappte sich den Schleier und zerriss ihn mit ihrem blutverschmierten Maul, bevor sie wieder das Weite suchte. Als Pyramus eintraf, sah er erst die Abdrücke der Pfoten in der Erde und befürchtete Schlimmes. Dann entdeckte er den blutgetränkten Schleier auf dem Boden. Da glaubte er, Thisbe sei zerfleischt worden.

In seinem Kummer stürzte sich Pyramus in sein Schwert, und sein herumspritzendes Blut färbte die weißen Früchte des Maulbeerbaums purpurrot. Als Thisbe zurückkehrte, fand sie ihren sterbenden Geliebten unter einem Baum vor. Sie bat die Götter, ihre unerfüllte Liebe in der Farbe der Beeren zu verewigen und ihr und Pyramus ein gemeinsames Grab zu gewähren. Dann stürzte sie sich ebenfalls in Pyramus' Schwert und starb an seiner Seite.

Kenner des Werks von William Shakespeare haben sicher erkannt, dass diese Geschichte eindeutig eine Vorlage für *Romeo und Julia* ist. Auch in der Komödie

Ein Sommernachtstraum kommt die Geschichte von Pyramus und Thisbe in Form einer absichtlich komischen Parodie vor.

Äolus und die Winde

Zu den zahlreichen Naturerscheinungen, die die antike Mythologie als Helden oder Götter personifizierte, gehören auch die Winde. Ihr Herrscher war Äolus, und in der *Äneis* wird berichtet, wie Juno ihm eine Nymphe als Ehegattin verspricht, wenn er der Flotte des Äneas günstige Winde schickt, um dessen Fahrt nach Italien zu beschleunigen, wo er die Stadt Rom gründen soll.

Der Nordwind hieß bei den Römern Aquilo und bei den Griechen Boreas (daher auch der Fachbegriff *Aurora borealis* für das Polarlicht), er war kräftig und eisig und brachte den Winter. Er verliebte sich in Oreithyia, eine athenische Prinzessin, umhüllte sie in guter Göttermanier mit einer dichten Wolke und zeugte mit ihr vier Kinder.

Der Ostwind hieß Vulturnus (lat.) oder Euros (gr.) und brachte heiße, feuchte Stürme. Der Südwind hieß

Auster (lat.) oder Notos (gr.). Von seiner lateinischen Bezeichnung leitet sich der Name Australien ab, ebenso wie Austria, der lateinische Name für Österreich. (Weil sich die italienische Halbinsel in südöstlicher Richtung erstreckt, wurde die im Osten aufgehende Sonne vermutlich leicht im Süden verortet.)

Der Westwind hieß Favonius (lat.) oder Zephyros (gr.). Er ist der aus Westen herbeiwehende Vorbote des Frühlings mit seinen Blumen, austreibenden Blüten und Früchten. Favonius und der Gott Apollo hatten sich beide in den jungen griechischen Prinzen Hyazinth verliebt. Sie buhlten um die Gunst des Knaben, dessen Wahl schließlich auf Apollo fiel. Als Favonius Hyazinth und Apollo beim Diskusspiel beobachtete, blies er in einem für ihn untypischen Anfall von Zorn den Diskus in Richtung des Knaben, der, von der Scheibe tödlich getroffen, zu Boden fiel. In seiner Trauer schuf Apollo aus dem Blut des Hyazinth die nach diesem benannte Blume.

NEUNTES KAPITEL

DIE NORDISCHE MYTHOLOGIE

WER WAREN DIE NORDISCHEN VÖLKER?

Die altnordischen Völker lebten im Zeitalter der Wikinger vom 8. bis zum 11. Jahrhundert in Skandinavien. Die Wikinger waren das bedeutendste Entdeckervolk der altnordischen Welt und brillante Seefahrer. Auf ihren Langschiffen fuhren sie die Küsten Europas und Westrusslands entlang, eroberten die dortigen Gebiete, plünderten und gründeten neue Siedlungen.

Die nordische Mythologie, die vor der Christianisierung Skandinaviens in voller Blüte stand, umfasst die Geschichten von den heidnischen Göttern, Helden und Königen, die in Skandinavien, im Norden Deutschlands und in Island verbreitet waren. Sie wurden ab dem 11. Jahrhundert in Schriftform gebracht – ein Prozess, der bis ins 18. Jahrhundert andauerte –, sind jedoch um mehrere hundert Jahre älter.

Weil die Wikinger großen Einfluss in Europa hatten und weil sich Zeugnisse der nordischen Mythologie bis in die jüngste Zeit erhalten haben, ist diese mitsamt ihrer Bilderwelt noch heute überraschend weit verbreitet.

GÖTTER UND GÖTTINNEN

Die polytheistische nordische Religion war, ähnlich wie die der alten Griechen, reichhaltig und vielschichtig. Wie die griechischen Gottheiten waren auch die nordischen Götter jeder für ein bestimmtes Gebiet zuständig, und wer sich mit Opfergaben und Gebeten an sie wandte, konnte in dem jeweiligen Lebensbereich auf Hilfe hoffen.

Die nordischen Götter teilten sich in zwei Geschlechter: die Asen, Kriegsgötter des Himmels, die in Asgard residierten, und die Wanen, die in Wanenheim wohnten, erdverbunden waren und für Fruchtbarkeit standen. Das Universum, über das sie herrschten, bestand aus neun Welten, die auf drei Ebenen angesiedelt waren: Asgard, die Heimat der Asen, Midgard (»mittlere Erde«), die Heimat der Menschen, sowie Niflheim, das Reich der Toten. Alle neun Welten lagen auf dem Weltenbaum Yggdrasil und auf jeder von ihnen lebte eine bunte Mischung aus Menschen, Zwergen, Alben, Göttern und allen möglichen seltsamen Wesen. Asgard war die heiligste der Welten und über eine Regenbogenbrücke zu erreichen.

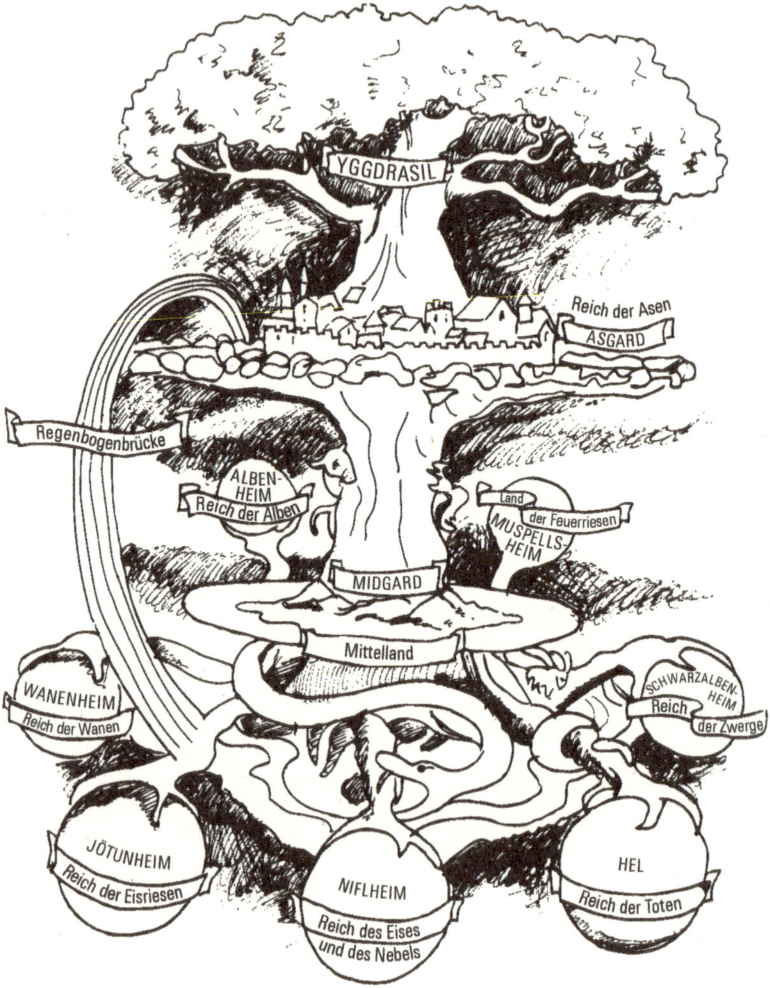

Yggdrasil, der Weltenbaum der nordischen Mythologie

Odin

Odin, Vater der Götter und König der Asen, saß in Asgard auf seinem Thron und beobachtete das Geschehen in allen neun Welten (eine beachtliche Leistung für einen einäugigen Gott). Zwei Raben und zwei Wölfe standen ihm dabei zur Seite, beschützten ihn und dienten ihm als Boten. Odin war der Gott des Krieges, aber auch der Weisheit und der Dichtung, und er war besonders den Verstorbenen sowie den Ermordeten verbunden.

Er war dem Alkohol nicht abgeneigt, trank aber nur Wein. Sein fehlendes Auge hatte er für einen guten Tropfen eingetauscht – allerdings nicht für ein Glas Chardonnay, sondern für einen Becher mit Wasser aus dem Quell der Weisheit, der ihm unermessliches Wissen verlieh. Mit seinem verbleibenden Auge, das hell wie die Sonne strahlte, wenn er über die Welten hinwegblickte, sah er jedoch mehr als mit zweien. (Dies ist ein weiteres interessantes Beispiel dafür, wie der Lauf der Sonne über den Himmel mithilfe eines Mythos erklärt wird.)

Odins Attribute waren sein unfehlbarer Speer und sein Ring, der jede neunte Nacht acht weitere Ringe hervorbrachte. Wäre er nicht andauernd so betrunken gewesen, hätte Odin es wohl zu einer recht hübschen Schmucksammlung gebracht.

Namen – nur Schall und Rauch?

Besonders deutliche Spuren hat die nordische Mythologie in unseren Bezeichnungen der Wochentage hinterlassen. Montag und Sonntag wurden nach dem Mond bzw. der Sonne benannt, die Tage Dienstag bis Freitag (mit Ausnahme des Mittwochs) jeweils nach einer bestimmten Gottheit. Die nordischen Völker haben die römischen Namen der Tage übernommen und darin den römischen Gott durch den entsprechenden nordischen Gott ersetzt. Dies ist noch heute in den germanischen Sprachen zu erkennen.

Die folgende Tabelle zeigt, woher der Großteil unserer heutigen Bezeichnungen der Wochentage stammt:

Tag	Altnordische Bezeichnung	Zugehörige Gottheit
Montag	Mánadagr	Mond
Dienstag	Týsdagr	Tyr, Gott des Kampfes und des Sieges
Donnerstag	Thórsdagr	Thor (Donar), Schutzgottheit und Gott des Donners
Freitag	Frjádagr	Freya, Göttin der Liebe
Samstag	Laugardagr	Saturn, Gott der Ernte
Sonntag	Sunnudagr	Sonne

Tyr

Tyr war der Sohn Odins und der Gott des Krieges. Sein Name leitet sich aus derselben indogermanischen Wurzel ab, auf die auch die Namen Zeus und Jupiter zurückgehen und die »Gott« oder »göttlich« bedeutet. Seine Aufgabe bestand darin, den wilden Wolf Fenrir zu bändigen. Das gelang ihm auch, jedoch zu einem hohen Preis.

Odin hatte Fenrir nach Asgard geholt, um ihn gemeinsam mit den anderen Göttern besser im Auge zu haben. Beunruhigt, weil das wilde Tier von Tag zu Tag größer und kräftiger wurde, beauftragte Odin seinen Sohn Tyr, den Wolf zu füttern und zu zähmen, damit dieser nicht die neun Welten zerstöre. Nachdem Odin erkannt hatte, dass sein eigenes Schicksal von demjenigen Fenrirs abhing, entschied er, dass der Wolf für alle Ewigkeit gefesselt werden müsse. Daraufhin versuchten die Götter eifrig, ihn in Ketten zu legen, die er jedoch mit seiner gewaltigen Kraft ohne Mühe zerriss.

Nach etlichen erfolglosen Versuchen riefen die Götter die Alben zu Hilfe. Diese knüpften aus dem Haar einer bärtigen Frau ein besonderes Band, das, wie sie Odin versprachen, stark genug wäre, den Wolf zu bändigen. Um Fenrirs Vertrauen zu gewinnen, legte Tyr wagemutig seine rechte Hand in das Maul des Wolfs. Als dieser jedoch bemerkte, dass er durch eine unzerstörbare Fessel gefangen war, schnappte er zu und biss Tyr die Hand ab.

Thor

Thor, der Gott des Donners und Odins ältester Sohn, war eine beeindruckende Erscheinung. Er trug einen gewaltigen Hammer bei sich, den er zum Dreschen des Getreides nutzte (und zum Verdreschen seiner Feinde) und dessen Geräusch als Donner zu hören war. Wenn er sich seinen Gürtel umschnallte, verfügte er über die doppelte Kraft, und zwei eiserne Handschuhe halfen ihm, den Hammer zu führen.

Einmal geriet Thor mit Loki, einem Gauner und Abkömmling der Riesen, in Streit darüber, ob körperliche oder geistige Kraft wichtiger sei. Daher reisten sie in das Land der Riesen, um ihre Fähigkeiten zu erproben. Unterwegs gesellten sich zwei Begleiter zu ihnen, Thialfi und Röskwa, und zu viert erreichten sie schließlich ihr Ziel. Als sie dort ankamen, wurden sie von den Riesen ausgelacht, die sich darüber amüsierten, dass Thor, von dem sie schon so viel gehört hatten, so entsetzlich klein war. Doch obwohl sie misstrauisch waren, willigten sie ein, mit Thor und seinen Begleitern Wettkämpfe auszutragen.

Als Erstes forderte Loki einen der Riesen zu einem Wettessen heraus. Auf dem Tisch türmte sich das Fleisch höher, als die Riesen es je gesehen hatten. Nachdem die beiden Kontrahenten angetreten waren, fingen sie an zu essen, und der Wettkampf endete mit einem Unentschieden. Doch schon bald stellte sich heraus, dass der Riese nicht nur das Fleisch, sondern auch die Knochen verschlungen hatte. Loki hatte also verloren. Anschließend forderte Thialfi einen der Riesen zu einem Wettlauf heraus. Thialfi lief unfassbar schnell, doch sein Gegner war noch schneller, erreichte lange vor ihm das Ziel, machte kehrt und stellte sich Thialfi auf halber Strecke entgegen.

Dann bestritt Thor selbst drei Wettkämpfe. Der erste war ein Trinkwettbewerb, bei dem er versuchte, ein riesiges mit Met gefülltes Trinkhorn in einem Zug zu leeren. Er trank, bis er zu platzen glaubte, doch als er in das Horn sah, musste er feststellen, dass der darin befindliche Met kaum weniger geworden war. Daraufhin sollte er eine große graue Katze hochheben. Obwohl er all seine Kräfte zusammennahm, konnte er nur eine Pfote des gewaltigen Tieres anheben. Im dritten und letzten Wettstreit forderte er die Riesen zum Kampf heraus. Weil Thor schon zweimal verloren hatte, kämpften die Riesen nicht selbst, sondern schickten Elli, eine alte Küchenmagd. Doch Thor unterlag auch in der dritten Runde.

Aber dann nahm alles eine andere Wendung. Zwar hatten die Riesen Thor anfangs verspottet, doch waren sie von seiner gewaltigen Kraft so eingeschüchtert gewesen, dass sie bei den Wettkämpfen, wie sie nun zugaben, betrogen hatten. In dem Wettessen war Loki gegen den Riesen angetreten, der das Feuer repräsentierte und buchstäblich alles verschlang, was sich ihm in den Weg stellte. Bei dem Wettlauf hatte Thialfi es mit dem Riesen zu tun gehabt, der die Gedanken versinnbildlichte, und Gedanken sind immer schneller als Taten. Und Thor hatte in den Wettkämpfen beeindruckende Leistungen vollbracht und seine Kraft unter Beweis gestellt, obwohl seine riesenhaften Gegner Finten angewandt hatten. Bei dem Trinkwettbewerb war das untere Ende des Horns mit dem Wasser des gesamten Ozeans gefüllt gewesen, und dennoch hatte Thor den Inhalt sichtbar verringern können. Die schwere Katze war in Wirklichkeit die Schlange Midgard, die sich um den ganzen Erdball wand, und doch hatte Thor eine ihrer Pfoten anheben können. Und die rauflustige alte Jungfer schließlich war niemand anderes als das Alter, das kein Gott und kein Mensch besiegen kann. All das legte den Schluss nahe, dass geistige Stärke und Gewandtheit immer über rohe körperliche Kraft triumphieren.

Freya und Frigg

Freya, die höchste Göttin Wanenheims, ist die Göttin der Liebe, der Schönheit und der geschlechtlichen Liebe. Sie ist die Tochter des Meergottes Njörd und der Riesin Skadi sowie Schwester von Freyr, dem Gott der Fruchtbarkeit. Auch weist sie zahlreiche Ähnlichkeiten mit ihrer Großmutter Frigg auf, der Gattin des Göttervaters Odin (siehe Seite 203). Daher werden beide Göttinnen oft gleichgesetzt oder miteinander verwechselt, doch jede hat in der nordischen Mythologie ihre eigene Bedeutung.

Freya war die Göttin der Fruchtbarkeit und besaß eine stark ausgeprägte erotische und sexuelle Begierde.

In dieser Hinsicht eilte ihr ihr Ruf voraus. Außerdem beherrschte sie die nordische Zauberkunst des *seidr*, mit dem sie die Wünsche, das Wohlergehen und das Schicksal der Götter beeinflussen konnte.

Eines Nachts träumte Freya, sie sei im Besitz eines besonders herrlichen und glänzenden Goldstücks. Am nächsten Morgen brach sie auf, um es zu suchen. Ihre Reise, auf der sie der missgünstige Loki ohne ihr Wissen beobachtete, führte sie ins Reich der Zwerge, wo sie sofort nach ihrer Ankunft in deren Höhle hinabstieg. Dort fiel ihr Blick auf ein so prächtiges und kunstvoll gearbeitetes goldenes Halsband, wie sie es noch nie gesehen hatte. Obwohl sie den vier Zwergen, die dort Wache hielten, im Tausch für das Halsband große Reichtümer versprach, lehnten diese ab, da sie nicht noch mehr Gold oder Silber bräuchten. Unter einer Bedingung allerdings waren sie bereit, ihr das Halsband zu geben: wenn sie mit jedem von ihnen eine Nacht verbrächte.

Getrieben von dem Verlangen nach dem Schmuckstück, ging Freya bereitwillig auf die Forderung ein. Loki hatte jedoch alles mitangesehen und erstattete Odin umgehend Bericht. Als dieser hörte, was geschehen war, wurde er zornig und beauftragte Loki, Freya das Halsband zu entwenden, während sie schlief. Loki verwandelte sich zuerst in eine Fliege und drang in Freyas Palast ein, dann nahm er die Gestalt eines Flohs an und biss Freya in die Wange, sodass diese den Kopf abwandte und er die Schließe des Halsbands öffnen konnte.

Als Freya erwachte und feststellte, dass ihr Halsband entwendet worden war, wusste sie sofort, dass Loki sie bestohlen hatte, der nur auf Odins Geheiß gehandelt haben konnte. Sie bat Odin inständig, ihr das Schmuckstück zurückzugeben, was er schließlich auch tat, jedoch unter einer Bedingung: Freya sollte künftig den Sterblichen in Midgard Streit, Hass und endlose Kriege bringen. So ist alle Zwietracht in der Welt auf Raffsucht und Begierde zurückzuführen.

Freyr

Als Odin einmal abwesend war, nutzte Freyr die Gelegenheit und setzte sich auf den Thron des Göttervaters. Während er die beeindruckende Aussicht auf alle neun Welten genoss, fiel sein Blick auf Jötunheim, das Reich der Riesen, und dort auf eine außergewöhnlich schöne junge Riesin namens Gerda. Freyr war von ihrer Schönheit in Bann geschlagen, konnte jedoch niemandem von seiner misslichen Lage erzählen – sonst wäre bekannt geworden, dass er auf Odins Thron gesessen hatte.

Weil Freyrs Familie um sein Wohlergehen besorgt war, schickte sie den Diener Skirnir zu ihm, der in Erfahrung bringen sollte, was es mit dem Leiden seines Herrn auf sich hatte. Dieser erzählte ihm von seiner Liebe zu der Riesin Gerda und brachte Skirnir dazu, nach Jötunheim zu reisen und dort in seinem Namen um Gerda zu werben. Er gab ihm ein Schwert mit, das eigens für den Kampf gegen Riesen bestimmt war, sowie ein Pferd, mit dem er den Feuerring durchschreiten konnte, der Gerdas Wohnstatt umschloss.

Anfangs ging Gerda nicht auf Skirnirs Werben ein, auch nicht, als dieser sie mit Geschenken dazu bewegen wollte, und verwies darauf, dass eine Riesin niemals einen wanischen Gott wie Freyr lieben könne. Doch Skirnir gab nicht auf und griff zu drastischeren Mitteln. Nachdem er der Riesin prophezeit hatte, ihr Hunger würde nie gestillt und ihre Begierden nie erfüllt, willigte sie schließlich ein und heiratete Freyr.

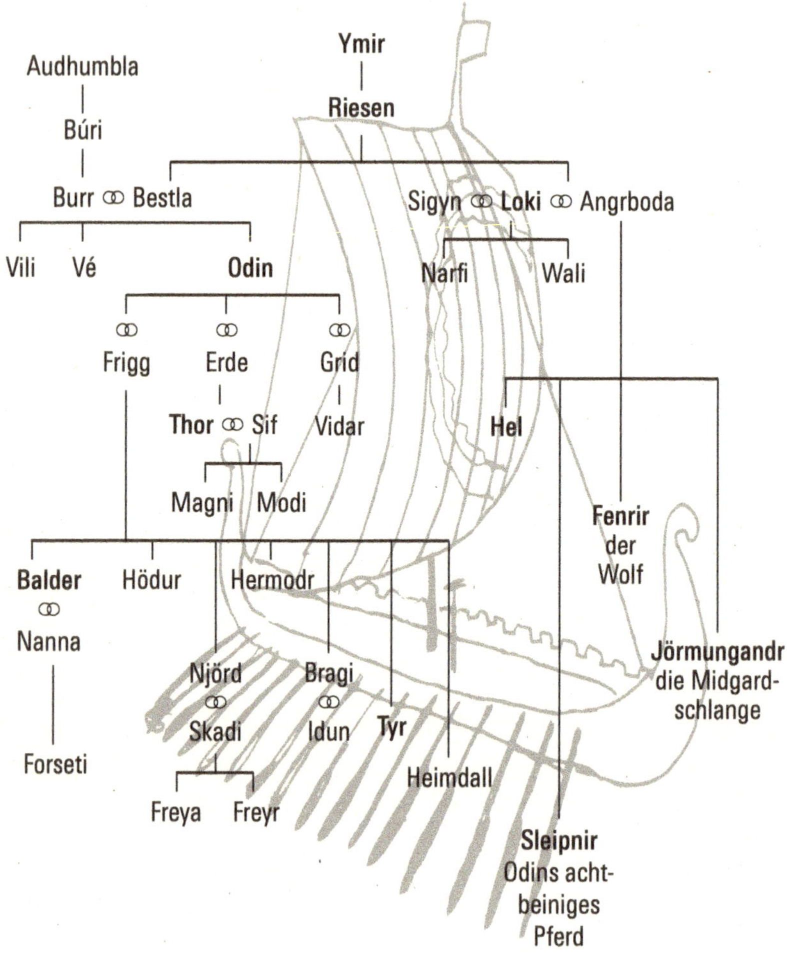

Der Stammbaum der nordischen Götter

Hel

Hel war die Tochter von Loki und der Riesin Angrboda und somit die Schwester von Fenrir (dem wilden Wolf), der Midgardschlange Jörmungandr (die sich um den Erdball windet) und von Sleipnir (Odins achtbeinigem Pferd). Als Göttin der Toten lebte sie, von den anderen Göttern verbannt, in der unwirtlichen Unterwelt. Mit den freiliegenden Schädelknochen, die in der einen Hälfte ihres Gesichts zu sehen waren, bot sie eine grässliche Erscheinung.

Als Herrscherin der Unterwelt (die ebenfalls den Namen Hel trug) war es ihre Aufgabe, über die Toten, die dorthin kamen, zu richten und denen, die im Leben verwerflich gehandelt hatten, ewig währende, grausame Strafen aufzuerlegen. Ihre Folterkammer, aus der unentwegt lautes Schreien zu hören war, bestand aus giftigen Schlangen und lag in einem Fluss, auf einer aus Leichen aufgeschütteten Insel. Manche der Toten versuchten, mithilfe von Naglfar, einem Schiff, das aus den unbeschnittenen Nägeln der Toten bestand, diesem Ort des Schreckens zu entkommen.

Auch der Eingang zu Hel war ein furchterregender Ort: Dort hauste der abscheuliche Wachhund Garm, dessen Maul vom Blut derer troff, die vergeblich versucht hatten, ihrem entsetzlichen Schicksal in der Unterwelt zu entkommen.

Brünhild

Brünhild war eine der Walküren, der Kriegerinnen im Gefolge Odins, die Unsterblichkeit genossen und denen es oblag zu entscheiden, welche Krieger im Kampf gewannen und welche fielen. Die Gefallenen kamen dann entweder nach Walhall, einer prächtigen Halle in Odins Burg, oder in den Palast Folkwang, dem Wohnsitz Freyas. Einmal, in einer Schlacht zwischen zwei Königen, fiel es Brünhild zu, den Unterlegenen zu bestimmen.

Obwohl sie wusste, welchen der Könige Odin fallen sehen wollte, wählte sie den anderen. Odin bestrafte sie für diese Entscheidung, indem er ihr die Unsterblichkeit entzog, sie auf den Gipfel eines gewaltigen Berges verbannte und mit einem undurchdringlichen Ring aus Feuer umgab. Nur wer diesen durchschreiten und zu Brünhild vordringen könnte, sollte sie zur Frau nehmen dürfen.

Von Brünhilds Geschichte gibt es mehrere Fassungen. Eine erzählt von dem tapferen Jüngling Siegfried (oder Sigurd), dem es gelang, die Flammen zu durchschreiten und zu Brünhild vorzustoßen. Auf dem Gipfel des Berges verliebten sie sich ineinander, und Siegfried gab Brünhild einen Ring, der seinem Besitzer unermessliche Mengen an Gold verschaffte. Vor der Hochzeit besuchte Siegfried König Gjúki und dessen Frau Kriemhild. Diese wollte, dass Siegfried ihre Tochter Gudrun zur Frau nahm, weshalb sie ihm einen Trank reichte, der ihn Brünhild vergessen ließ. Anschließend heirateten Siegfried und Gudrun.

Derweil wartete Brünhild hoch oben auf dem Berg auf die Rückkehr ihres Geliebten. Daher schickte Kriemhild ihren Sohn Gunther zu ihr, der sie an Siegfrieds Stelle heiraten sollte. Gunther vermochte jedoch den Ring aus Feuer nicht zu durchdringen, weshalb Siegfried dies für Gunther – in dessen Gestalt verwandelt – übernehmen musste. Gemäß Odins Bannspruch heiratete Brünhild den Mann, den sie für Gunther hielt, und kehrte mit ihm zu den anderen zurück.

Gudrun, Siegfrieds Frau, eröffnete Brünhild in einem hitzigen Streit, dass nicht Gunther, sondern Siegfried sie erlöst hatte. Rasend vor Zorn stiftete Brünhild

Gunthers und Gudruns jüngeren Bruder an, Siegfried im Schlaf zu töten. Erst bei Siegfrieds Tod erkannte Brünhild, dass sie nie aufgehört hatte, ihn zu lieben. Dann stieg sie auf den brennenden Scheiterhaufen, und gemeinsam gingen sie ein in die Unterwelt Hel.

Das Ende: Ragnarök

In allen Erzählungen der nordischen Mythologie finden sich Hinweise auf ein verheerendes Ereignis, dem fast die ganze Welt zum Opfer fallen wird. Dieses Ereignis – Ragnarök (»das Ende der Herrschenden«) – wird in ferner Zukunft stattfinden und das Ende von Odins Reich sowie den Untergang vieler anderer bedeutender Gottheiten einläuten. Dieses furchtbare, weltenvernichtende Geschehen wird sich durch untrügliche Zeichen ankündigen: Es nimmt seinen Anfang mit drei Jahren pausenlosen Winters und dem Krähen dreier Hähne, von denen einer die Riesen weckt, der zweite die Götter und der dritte die Toten in der Unterwelt Hel.

Sonne und Mond werden vergehen, die Sterne werden erlöschen und die Menschen werden verrohen und aufeinander losgehen. Fenrir, der wilde Wolf, wird sich aus seinen Ketten befreien und Garm, der Wachhund von Hel, wird am Eingang zur Unterwelt schaudererregend heulen.

Der Weltenbaum Yggdrasil, auf dem das ganze Universum ruht, wird ächzen und erzittern, und die Midgardschlange Jörmungandr wird sich winden und großen Tumult verursachen. Tiere werden Götter zur Strecke bringen und in allen Welten werden gewaltige Schlachten toben.

Zum Schluss wird das Feuer alles verschlingen und die Welt wird im Meer versinken. Dann haben Finsternis und Verderben ein Ende und die Welt wird wiederauferstehen, taufrisch und fruchtbar. Manche Götter werden überleben, andere werden wiedergeboren, und Elend, Habgier und Bosheit werden für immer verschwunden sein.

REGISTER